DUDU MUDURI

Ndangariro kune dzimwe Mbiru dzeZimbabwe

I0593525

Rumbi Chen

ISBN 978-0-6457540-1-8 (paperback)
ISBN 978-0-6457540-4-9 (ebook)

www.rumbichen.com

Sekuru Ezra Dengaharinangoni Maponga

Pese pandaitaura navo vaindiyeuchidza kuti ndivo vakanditumidza kuti Chenaimwoyo. Dzave ngano.

Vakadyara, vakadyarurura, vakadiridzira, vakachingidzira, vakafurura ndokuzofuratira vonanga kusingadzokwi. Dzave nhoroondo.

Chishuvo chaiva chekuti vaverenge chinyorwa chino. Mazuva mashomana chinyorwa chapetwa, sekuru vakaenda nyika yavakare. Ndakadzimbikana mabhuku ndikarongedza. Ndakazodzidziuka ndokunyora patsva. Dzave nhunha.

Murudo mune nyonganyonga zvese nenhapitapi. Murufu mune vanoenda nevanosara nechitsvambe. Mumhuri mune makakatanwa nematambidzanwa. Muwanano mune rudo negupuro. Mukurarama tiri vamwe mumadzimbahwe.. Mumwe nemumwe ane chipo chake kunyika, panyika. Uyezve anoita zvaada, asi aita chakanaka azviitira, aita chakaipa azviitira.

Zororai murugare Mhazi

MASHOKO EKUTANGA

Muzvare Chenai waita chisionekwi humhandara hwaamai.
Zvakagara zvichingokodzera kuti vanokodzera vapuwe
kodzero yeremekedzo, nekuda kwebasa ravanobata kana
ravakabata kuburikidza nemabhindauko akasiyana siyana.
Asi ose achivaraidza, kutandadza, kurayira, kutsiura,
kudzidzisa nekuraramisa mhuri yeZimbabwe.

Muduri iri nyanduri anotora nyimo, nzungu, nyemba,
nemhodzi ozviti zvese muduru zhegee. Anotora nyanzvi
dzedu dzine mukurumbira muruzhinji nemunharaunda
kubva makore mazana mashanu apfura kusvika patiri nhasi.
Tineurombo vamwe vacho vakatisiya asi vakatisiira chibatiso.
Tinotandara navo musi nenguva kuburikidza nenhaka
isingaore yavakatisiira.

Sechipakirwa vakasiya vatifundisa. Zvimwe zvitubu tichiri nazvo pakati pedu nanhasi tinochera mvura. Mvura yacho irikuwedzera kunaka, iri kutovira sedoro rapumhwa nechembere.

Mari haikwani kutenda mabasa ezvikakara izvi, ndosaka nyanduri akawona zvakakosha kupa ruremekedzo urwu ruri muchinyorwa ichi.Ruremekedzo rwenhando iyi haruori, harumunywi nemujuru.

Bhuku iri rinogona kunge ririro rekutanga kufamba nemugwagwa uyu. Kana uchida kudzora ndangariro, pinda mubhuku. Kana uchida kutamba irikurira pinda mubhuku. Kana uri pwere uchida kuziva zvaivaraidza, nezviri kuvaraidza, nezvichazovaraidza dongorera muduri. Dudu Muduri ndiwo mukoko wacho.Uchi hwacho inhapitapi.

Nyanduri webhuku rino anokodzera mhenduru mbiri. Mhenduru yekutanga ndeye pfungwa yacho yebhuku iri. Mhenduru yepiri ndeye kugona kunyatsotsetsenura nduri imwe neimwe yakanangana neumwe neumwe wenyanzvi dzakadomwa mubhuku iri.

Nyanduri achiri wezera doko asi wakabata chinyoreso semunhu asutswa.

Sando kumunyori.

Sando kunavose vanokodzera, mabasa avo anovamurudza.

Francis Muzofa aka @Pope

KUTENDA

Kune vakandibatsira vakava nemoyo murefu
ndichavanongona nekuvavhunza kasingaperi. Mai vangu
Manjenjenje namai vangu Ashumba vaipindura mivhunzo
yakawanda kwazvo. Sisi vangu Trudy vandaishupa
kuvhunza, nasisi vangu Gamu wandaivhunza kuti
vandivhunzirewo naEng. T Kande vandainetsa ndichizama
kuona kuti ndosarura sei; ndinoti kutenda
kwakitsi kuri mumoyo.

Zviri mukati

SUWAI MUCHIPEMBERA

TITENDE

Tsitsi, rudo, runyararo,
zvinobva kudare raYakope
kunobva Mhare dzisina makope
dzinomhemhaira mukati maro zuva musina makope
mhanza haitaridzi zera, moyo ndiwo unotaridza makore

Kutsi kwadzo hope kune mutote,
zvinoita chidziro chive nemurove
kunobviwa ndokure
yoshenaira kutotesa pasi rose
kutenda kwakitsi kuri momoyo

Mhotsi dzopenyerera
zvinobva pakuyereswa kwadzakaitwa
dzinova mucherechedzo werudo rwakadzama
matendwa zvakapetwa katatu
garai mutsitsi,rudo nerunyararo

Kuna Gogo Maponga

MUKOMA

Kukurigorigo!
kwayedzera kuyenda
Karikoga gumiremiseve
asina mukoma asina munin'ina
bvanyangu
mutaura zvakadzika zvisina kudzimba zvinovaka dzimba
haisi simbe, isimbi yebasa

Vanomunzwisisa vane chitsama,
vanoita sematsi ivo vanzwa havo manzwi
ake matare anoda vakaenda Mbire vatana kwete vapfanha
vakare vasingaite dambe
vakarabwa vasina kwire dzike
vasina mhere neruzhinji, mhare dzebasa
vakare vakatanga kuona zuva
padare angati bufu iye wekuzvigunwe uyu?
mwiro hake semukwasha anyimwa doro
kudya, kutemura kana kuirarira zvinaani bhutsu
yemupurisa kutiva hake senjiva ko angadii
wekuzvigunwe uyu?

Pane vakatanga kuona zuva

varipo vakatanga kuziva nguva, venhembe

mukoma!

chitaurirwa

ane nzeve dzekunzwa ngaanzwe

chipangamazano aripano

kufuka kana kuwarira, iye kutaura basi

muromo wevakuru hauwiri pasi

teererai kana otaura

kumagumo kune tariro

Karikoga gumiremiseve

wekuzvigunwe uyu

Kuna Gogo Mapong

KWAYEDZERA KUFAMBA

Swarabhoyi iwe, watora budzi rako

dzinde rako wadzura

vari Mbire vatambira wekwavo

vari Suwoguru

shungu ibundu rinoshungurudza

bundu riripamoyo ririkunyukira

iye anoti regai ndiende kudzinza rangu

ndisiyei ndakadaro

ndakadaro ndakadaro

vanomuchingura wavo, vakaenda kare

vari Suwoguru varikwamupfiganebwe

kusina anoziva wakasvika sei

asi kuti wakasvika

Pake akasakura akazunza

dzinza rakatara mutsara kupatsanura vanoenda

nevanosara ndima yake akapedza

rima rakafukidza zuva

guva rikazuruka

zuva rikamisa miranzu

hukwe yakamiswa

ninga ikauchira

Hoyo omira pamukova

chava chando dzangova shungu kutova

Hatizivi seiko

hatizivi neiko

iwe unoziva nekuti hwakahwandira

Ndira kusvika Zvita

zvitana kana zvigogodera

dera kana nherera

zera hauritarisi

chako kukwapura uchienda

hauzorore wakaita seiko iwe?

Pake akasakura akazunza

dzinza rakatara

rakataura kuti takutora

rakati ave kufamba nzira isingacheukwe

rwendo rusingaperekedzanwe

rwendo rwekupedzisira

rusina mhirizhonga

rusina zhizha

Changamire vaenda Mbire

vodzokera kwavakabva kuvakarabwa

kusingadzokwi

kusina makwikwi

kusingaperekedzwi

hakuna anoenda nemutswi

kana negano kana nedemo

veko vanokutambira

Varinyikadzimu

tateguru vari Guruuswa

Huswa mapisa sare dota

Kurangarira Sekuru Maponga
RIP

HAPAGUTI

Huruva ratora

nyamatsatse yahwapura yobwinya zvino muruzhowa

pasirinodya rakamboguta here?

hariguti

rinovaraidza, tirivare, tiripakutandara

kukanganwa kuti takabve Mbire

kuenda Mbire kuvakarabwa

aiwa mukute watuta

zana risina mago

risina mashe

denga ratora

ivhu raumbana

ko mati tidini vapwere?

Matora zivo yedu

tsvimbo yedu

nzvimbo yedu

achatiraidza nzira ndeavo vakabata mazwi

vakabata zvirevo

zvina zvitatu

aiwa, ane nzeve akanzwa

svuuramuromo dzaitsva muchoto

manga musina muchokoto

nangana nenyaya pasina kutora divi

Makate akatenda

Nehoreka akadaidzira

Chaminuka woye!

chikomo chapfira mapfihwa

chati vapwere vadini

Vachema vachena

chenaimwoyo

musawore moyo

hwevapasi yobwinya

yakatakura kurema

huremu hwemadzinza, hwevakarabwa

unopembera

auya

tambire

mwana asvika

vanasorojena

bu bu bu

mawoko asvitswa

Chirere mangwana chigokurerawo

kurauone denga zvaroita

kukweva kwevanoshava

muzivi wenzira yeparuware ndiye mufambi wayo

makazivisa wese zvake aida kuronda ruware

Mirizhonga yaisava kudya kwenyu

makaisvipa

makapisa sanhu

ko vapwere votutuma nezivo yamakapakura

gomo roremera vari pasi

achatema tsotso ndiani?

madai kutiza

aiwa vakanzwa vakagonerwa

ndiye Denga

yava pfumayedenga

Kurangarira Sekuru Maponga
RIP

MUZUKURU WEVASHAWASHA

Mukaka haurungwe

inotonaya mvura kana Hurungwe

nezuva richibuda kwese kunaNyaguwe

nekuti mufungo wake anotaura ruenzaniso zvisina jee

Maravhuza kwete

ko zvakanaka wani kufambira divi rako remugwagwa

ukaziva apa ndepe tsoka, apo pedzimotokari, unoita
mufambanyore

pedzezvo, wofamba nevarikufamba, nguva haimirire munhu

Mbeu yakakavirwa

mazuva anotevera kwakumirira nhungo

miriro iritarisiro mwedzi inouya pachaita muchekechera

mazuva anopindana, imwe inomedzwa nevhu, imwe inosara,
maguta anosvika chete

Shungu kuona minda ipe mbesa

mupfudze, kudiridzira, mirire matote

mukume wofetemedzwa nemhepo, moyo wotevenuka

aiwa, zvinotendwa kuti zvaendwa, zvasarire kukohwa

Kufururwa, kupururwa nekutonongora, basa rofamba

hazvidi kushonongorwa, maoko akawanda zvaringana

migurinwa uko, madede mupoto, chemumhare chengetai

muguri babandu, pfungwa dzave mberi kuitira shoro
paichananga kwamugaisi, kuchengetedza zhizha

Mangai nemhandire, wese awane chekutsenga

matama enzira otsikwa chihambiro kunanga kuchigayo

pepetei kubatsira mugaisi netsero, vanodarika
vachikahadzika

hongu mari yabhadharwa, hazvireve wobharafo, maoko
muchiuno, hakuna sipo inogeza hunhu

Upfu hwakasvuurwa zvinekupepeta hwakatsetseka

sadza rinobuda ipapo, oriperekedza nehaifirdzi yehochi

vanodya vanokurura mabhachi, mvura kudhudhudza
makomichi

vachiseredzera, iye kwanyanu kunosuka ndiro, vasikana vane
gumi vakazvinonokera

Waranu machira runyanhiriri, tsvai tsvai marara

ramangwana ritsikike zvakajeka

patsika remberi, ndopatsika reshure

remangwana rinotevera, regai nhasi arikejese

Kuna Diana Chengetai Vito

TAWANDIRA MUNATSI

Pachipesa kana pajekerere
haana nhunha kana daka nepwere
pakudhonza kwadzo chete, dzakapinza njere

Paruzha anotarisa hake rutivi
achinatsurudza nerimwe divi
anobata moyo yevakawanda sedivisi

Akachena moyo achiita seasiri kuziva kuti akachena
achiumbiridza mazwi semavakiro aanoita vanzwi
ane muchechetere maitiro ake azere nekutendeseka

Maoresa chaiwo
ungati mukiwa adaira nhare
makwikwi kwete, haana mheremhere

Asi vanonakidzwa kureva zita rake
zvanyanyodii kuti sika sika nezvake
zvaari tsime kune vanenyota
munyaradzi anoyevenura vanoyaura vasina musha

akapfumbata miriro inosunungura pakasungwa neutare

Chakanaka chakanaka

mukaka haurungwe

mukana wemwoyochena wake

zuva rinobuda zuva nezuva

mugorejena

Kuna Dorothy N. Gorejena

VACHIENDA

Zisadza raani iri?

hoo ndekangu!

idya mbiri iyende iwe!

raicha uwane chinobataura kuitira mangwana

Ndoko!

kuseka kwedu, svika mudhuze

timbokuruma nzeve

hatidi anozoti mangwana miromo kwedebe

Munhu wese ane kwaakawandira

mumwe kuja anoja, asi kuonda anowondera mamuna

hapadi mutongi gava maenzanise apa, bhora kumberi

Idambarare rwembambaira

daritari chairo

dahuna ndiro rinounza hope

uwane kutora rugare rwuri mhiri kwamangwana

Kutenda kwakitsi kuri mumoyo

zvasiyana naKutsi naLoyidhi vanowonekwa mumijaho

hawo matendo akapetwa katatu

Gonhi dhwa

ndachema zvangu

zvakanaka zvinorumbidzwa

Kumhuri yangu

HWISHU

Kune vanofudzamombe vanomuziva Jeki
mabhii akamedza
madhiri akapedza

Kangamiti anodziona ari kure
aiwa, zvimwe ndezvimwe mbiti imbiti
gunguwo kuswera munhiyo hunzi ndave nhiyo

Akachinzwisisa chigemhu chacho
kwachu kwachu yese yaiva mumaziso
akashama muromo, asi haana kuzviratidza kuti ashamisika

Paitoda chiso chebasa
ngongoni dzichiimba
kudaidzira vari Kinshasa

Sandi kuipa kwayiita mapenikura acho
kunge makuru aiswa hundi
kutoidhudhudza mvura

Pati, wanike dzaiva hope dzechando

panze vaitotamba rakaraka nenhodo

vamwe ndovainge vamukira kupuru

Kuvamwe vangu
anaJackie B

ZVIROTO ZVAKE ZVAKAKOSHA

Icho chandagwinyira
chinorwisa zvimhingamupini
chinogadzira matafura netsotso
hachina hazvigoneke,
wakananga Wenera nemanera
zvinomborema asi anoenda achidedemera

Uyo muonei
haana kunonzi hakusvikike
wanyurura zviroto zvevanasikana kuzviisa mudziro
wakatanura jasi remahwani wapfeka remuvhaini
chinouya chinoona iye
iye chandagwinyira asina zvinoyera

Akazvirereka sehwai
achiita maminimini eshumba
ane muono unowomesa mate mukanwa
anoribata chete bhora mumitambo imomo
akadengezera kurota kwehumambo
ayenda nenyika akasenga chiremerera

Zviroto zviroto kune asina zvikwanisiro

zvake uyo okokera vanasikana kuvaka matafura

zvinogoneka ukasazungunuka unogara patafura

zviuya zviri mberi

ziva kwawakatarisa

zuva rekugara pamatafura rasvika

Kuna Junior Kendra Bakasa

WENYASHA UNGAMUDII?

Neriya gore aitovawo nemufungo wekutengesa migoro
yemango
basa rakazomuwandira zvekutoswera ari pasi rose
kunonzi kunaiwa nemaropafadzo ka uku?

Manwiro aanoita magada unomira hoo, kapu kapu
kunwira kuti mushina uwane oyiri
kana zuva chairo hariuyi munhu akati go, kutoritevera

Chibagee!
kudaidzira kusvika mutengesi wechiovha arasa migoro
kana kumbogaya achipusha bhara rimwe ruoko ngoro
akazosunga cheni kunaCheni konobata Muchecheni
asingaite hafu hafu kutakura kwedhongi

KwaZvimba vaitofara vachiti vari kenge
wundundu mbambaira dzadyiwa nakungeke
ivo vachitindinya kupungwe
munda wainge wakombwa napongwe
Kumhara kwake panzvimbo rakava besanwa
vakafara zvisina mukare akamboona

zodzo raakatakura ndiro rakazorodza pfungwa dzavo
vaitozokohwa zvakanakisa zhizha iri nekuti aivapo

Kuna Malvern Diva "Gadaga" "Evangelist

HOCHEKOCHE

Ukasati pwati
unototi pwaka chete, hazvigoni
kungava kuseredzera masese
kana kusekerera sewapihwa dhora
kufinyama kana kundinyima simairi
kuzhinya kana kutsvinya
unotogegedzera chete
kupfeka mudzimundiringe kana mujambajecha
kupetura bvudzi kana kuguswa, mufaro wake unobhebha

Akagara hake pachigaramakomucha
achibubunya nzungu mbishi ari mubishi rekutonongora
rumwe ruoko rwuchinokora murusero kuseri kwetsotso
rupiza ruchishinyira pachoto
gogo vachinge vanokanga mhandire
vaviri vaipwatika havo moto uchipwititika nekoko
handi ushamwari hwechikunyanguwo
uhwu ndehwe mbambo nenamo
unonakirwa iwe kana voti tibu chikwee

Rungwanani ainge achimenya nzimbe meno akati nyena
kufumotsenga nzimbe runyanhiriri handi mashiripiti
kwete, kutsvaga simba rekutimba pasi
twakwidza hatwo
anorova matama enzira asina hanya nekuita man'a
anoita seasungirwa nyere muchiuno, uku chiringaziva
chichirekodha makiromita
uchida kuita mapitse naye unosarenda bhazi
rekwaMatunzva hapana paunomugunzva anenge aenda
sechifefe
kuzoti ati tande pamateru, unosarotura befu avamawere

Rudo rwake rwunozadza dama
Dama Rakanaka anoridokwairirawo kwazvo
ko iye ndiye kuseka
chiremba vakati kuseka mushonga mukuru pazvose
naizvozvo sekeranayi
sekeso iyi yakanyanya unotopaseka chete
mhete inogona kukwachuka uchiseka
mhetserwa nekudivi ichiti kwetsu
ko ndiye adii, musiyei aseke

Kuna Talent Yvonne "Ty" Nyandoro

MUFARO WEKUFARA

Svomhu dzinomuziva kuti anodzirova mbiti
dzinozviziva kuti idzodzi ndidzo shangwiti
dzisina basa nekudya mutikiti
chadzo kupinda nematikiti

Kufara anotofara kurasa muswe
angatadzenei kufara achitemba Arikumusoro
hakuna chinonzi raki, kune raramo inopihwa naIye
Kuva nerugare handi kugara kuRugare
uye hakusi kudya muriwo werugare
kwete, rugare rwuri kutsikwemoyo
zvichibva kuna Mwari

Svomhu anodzida zvekushaya pekupinda nadzo
zvakanaka kuwana zviviri kana zvitatu zvekudisisa
svomhu anodziyemura, kudziyeresa, kudziyeva kwazvo
ndidzo dzaakada, chida moyo hamba yakada makwati

Kuna Tapiwa

KURE KWEGAVA NDOKUSINA MUTSUBVU

Kana basa ratanga ndimaisiri
pasina nguva yekufunga masiriri
chinenge chave chamuvhiriri

Dzvutu putugadzike
medu kachingwa
nguva haimirire munhu

Putumendi ichirema ipapo kunge gaba rependi
zviri mberi ndizvo zvinomudhonzera mberi
akanzwisisa kuti chinokura choga isango, munda kukura
huona tewe

Zuva rimwe hariodzi nyama
zuva iroro rinoomesa futi nyama
zuva nezuva rine zvaro, pachingodiwa kupfugama

Makomo ayo anomufungisa chunhu chaanodisisa
musamba make hachikwane
mukatikati mehana chakati go

Gondo harishayi

pondo ukataura nayo zvine uchenjeri unobuda mujeri
renhamo

akanzwisisa kuti chinogova ruoko, muromo haugovi

Kuna Tambudzai P. Shumbanhete

SEKURU SEKE

Sabhuku wemubhuku raSeke,
vachitandara havo vachiseka samare,
vakagara paruvanze pamumvuri wemupangara
Jaya gomandaiza ndiye pfacha akatakura mapudzi

Vose vainge vanotema huni
vanotema masanzu nemapanga
vachikohwa mupunga
zvino yanga yave nguva yekubvisa mhundwa pachivanze
kuda mhandu dzingapinda ruvhunzavaeni

Nhare yakabva yapinda kuti vazukuru vaakusvika
vasvika kwaZiko waiwona kunyemwerera,
kuziva vave pedyo kusvika kumba
varimo muDema munyika yaSeke

Hazvigoneke kusekera mudundundu
Hazviite kudyira kuba
Mufaro wacho wanaChihera unotoyanikwa pachena

Ibatawabata
nhangemutange kuvhanga
nyama kubva vari Zengeza, vari
Zvipinge vasina zvibinge kana
zvipande, maswera sei
Vhuramayi?

Kuna Vhuramayi

MAITA MVURAYADZONGWA

Vanoda kundidhonzera kumashure,

kundikachikira kuti ndirume pasi,

ndinoenda mberi

Bopoto rinotangira pakuti vamwe vanoda doro, vamwe ndeve
Tarino

asi mudoro vose vanoita chirwirangwe

mupunga wotobikwa mupoto imwechete yoitwa
mukomberanwa vachienda mberi

Asi ndakavatuma kunotsvaga mvura

ndiye muendabwada

ndini uyo mahwekwe nekasipiti, nekuti ndinoenda mberi

Ngainaye zvayo mvura

ndivape mupunga vese zvavo

nekuti ndinofambira pamberi

Nzizi dzose dzofashukira

vanoenda mberi vanonwa mvura tsvene

vanosara shure vanonwa mabvongwe

Tozorora zvedu paChivero, haasi masaramusi

ndipo pane gwenzi rakaviga mambo

nekuti tiri pamberi

Kuna Mwendamberi

NIGHTINGALE SING FOR US

Nziyo yakatsetseka

maruva anogutsurira

shiri dzichishaura

dho re miiii

mirai munzwe

kutaura kwezwi

inzwa izwi

Nziyo iyo inodakadza moyo

inosunungura

inonyevenutsa hana

yakajunguluka inomutsiridza meso

aneta

Mi fa so

songanai nenziyo inonyaradza

inorapa muviri,

rumwe kana ruviri

Huchi husina mazana

nhapitapi yakavezengwa

husavi hwakarungwa nemunyu

Chimbo ichi kana wakagumbuka hazvitore nguva
wakatsamwa
kana usiri kunzwisisa chimbo chacho unotochiwona
chamboko chemadetembo
chinenge chozipa zvino chimbo
asi mukati chichivavarira kuvandudza vanzwi, vateereri

Kambo kakatsetseka
kanofamba netsinga dzose
kachiinda nemumongo
kuzoti mumoyo
kachiyerera nemapazi ose emuviri
kachipatsanura zvine basa nezvisina basa
kuvavarira kuti ramangwana uvewo unoziva kuti potsi,
mbiri, ina
inda unoita svomhu yacho uwone,
kubatanidza imwe neimwe unowana mamwe maviri

Mumwe nemumwe ane manzwisisiro ake
asi kambo aka kanonzwisisika zvekudaro
ndava kanokupinda nemoyo murefu nerudo nenguva
pore pore kachifamba kachivaraidza semaruva

mavara aunozonyora ndiwo anokuudza kuti warava
zvirokwazvo magwaro anovaka upenyu

kubata kana kusabata

aka kambo

kanovandudza vadzidzi

Inzwa mawungira

hakapere

kakadzama

karwiyo kanopenderwa nekuti

"chaona munzako chapita, mawa chili kwaiwe"

vanotenda, vanotenda havo

shasha dzechimbo

Kuna Mrs Mapanga nee Lovar

GADZIRIRO YEGADZIRISO

Zvakafanana nehweni
haingokaruka yasvika semheni
inogadzirira kupinda mumusha mutsva

Kana uya anotamba nhabvu
anotora mwedzi achidzidziswa nekudzidzira nekuti anga
tyoka mbabvu
anotogadzirisa paanoshaisha kusvika anyanzvi

Ndozvimwechete nefundo
haupepereke uchinanazika nenungo
womuka wonyora bvunzo
unoita seunocheka bundo nechisvo

Teerera muzvinafundo paanotaura
ndava kana otaura, pane pundutso
akati gadzirisa iwe wotsanzanzira, unokundikana
akati gadzirisa iwe wokwenenzvera, unokunda

Hama haisi nyore kuparura zivo kunhinhi nekuruzhinji
kuzviisa mushangu dzeuyo arikufundiswa

nguva imwecheteyo wakapfeka bhachi ramazvikokota

zvinogonekwa neane mutsa akatsidza kudzidzisa zivo

Vakawanda vakenda asi havasiri vose vakadanwa

vazhinji vanotsanangura asi vakasanangurwa vashoma

harisi dambe kugona kuziva kuti mumwe idurika, umwe ane
mavende, umwe ane mhango

naizvozvo mumwe ndewe hodzeko, mumwe hohwa, mumwe
masvisvinwa, mumwe mabhonzo

Kunzwa manyukunyuku kuti ndumure dzayambuka dzava
zvigondora

kuona vaikambaira vomhanya nemakoridho vabuda
pabvunzo

zvinodadisa kwazvo kuti variko vakazvipira kuparura zivo,
kurairidza zvisina tsvete, zvisina kete

vanotendwa mudzidzisi, kotoro inouya vana vachafarazve
votaura navo

nyundo kumudzidzisi

Kuna Mr M. T. Muusha

MUCHERO WAKANAKA

Kuziva mwaka nenguva hausi uchenjeri
kumirira nekutirira uchenjeri
kutarisira mvura yemunayakamwe kufunga mberi

Ukaziva zvekuita panguva yakafanira wagonera zvemberi
haisi nguva yose pachatsika reshure ndopakatsika remberi
ukacherechedza mwaka unogona kuziva pakatadza remberi

Havasi vose vanoenda mberi
chido nechinangwa zvinosundidzira kumberi
haisi nyore kuratidza umwe neumwe kutarisa mberi

Mumwe akagara kumashure achiona zviri kumberi
mumwe hapana chaanoona asi akagara kumberi
iwe wakazvipira kuti vose vaone kunaka kwakaita kumberi

iwe zvako wakamira kumberi
uchiudza vadoko kuti zviuya zviri mberi
uchiziva hako kuti umwe ndiDziva haasi wese Mwendamberi
dzimwe nguva unokungura kumira kumberi

ipapo vamwe vanenge vabatwa nechadzimira ivo vakagara mberi

wosvika pachikamu chekuti apeno aHove tinoonana mberi

Kuna Mr N. Hove

MUREZA WEZIMBABWE

CHATI HUWI USATYE

Tongogara panze pachikuvambwa
shizha richadei chimwe, iro rabva pabazi raro
rangova kanhu kanopeperetswa nemhepo kawuna wuna
achayeuka shizha raiva kudya kwemuti, kwemhuka,
kwemhuri ndiani?
rogotyei kununa

Zvairwadza vasara
Magama akasara
Magamba mamwe akasara
kune vakasara
vazhinji vamirira kusakara
vakasakadzwa negidi
pfumo reropa

Paisava newekukopa
yaiva fungira mumoyo rwendo rwembwa
verere kuseri kwemba
hapaiwudzwa amai kana baba vemba
vaizonzwa rwiyo
"musandicheme"

"ndini ndakazvida"

"gandanga haridye derere"

Maoko aizoita zerere

mbumburu ikatsvedza kubata

mhururu yainzwika mativi mana yaifutidza shungu

misodzi mokoto ndangariro dzabata

kuchema ishungu kwete udera

kuteerera miri paisava nenguva

guva raikudana ukananazika

ukakasika raigona kukudanazve

zvaive zvakaoma

minzwa, nzara, nyota

vamwe vakasarako

varere mumapani, Gorongozha, Nyadzonya, Hwahwa

hwahwa haudzike dzimwe nguva

vamwe vakayeredzwa naMubvinzi

nzizi dzakatakura kurema, dzikasuka ropa panyika

mvura ikakukura zvose, zvimwe zvakachenurwa

zvaidzimba

vamwe vakadzoka kudzimba

zvairwadza vasara

> *Kumagamba ose ehondo yeChimurenga,*
> *vakatasiya, vapenyu, neavo vose vakaita pavo*
> *mukusunugura nyika*

CHIKOMANA CHAMINYUKA

Feso rinobaya asina meso, misodzi mokoto
musha wave muchokoto

Kutsi kwadzo hope
angova madirirano
ichayerera rimwe gore

Turi turi, kuvavarira kusvika pamusha
mhere kwetsu semunhu abaiwa
mbudzi kuzvarira pavanhu imbwa dzinotandwa
ambuya muderere voda kukwanawo
naku kwakadaro kunze kwemusha
igoredema kurambiwa rakajekanyika

Mangwana vousimudza mureza
pasina anopikisa kana kurega
tiripo paruzevha

Kurangarira Solomon Mangwiro Mutsvairo
RIP

ZVAITA SEIKO?

Tatadzeiko?

inga wani mwana asingacheme anofira mumbereko

zvekupa anyerere mugoti zvabvepi?

Toindepi?

tiri parwendo chokwadi

tinotsidzinuka iyesu?

Mativi mana kwakasunama

pasi rakaisa muromo mumhuno

zvaita seiko, kutsva kwendebvu varume tinodzimurana wani?

Senzeni?

tumirai mhere kuvakuru kuno kwaita mabasa

pane basa, asi kubatana ndicho chikwapuro

Kuna Albert Nyathi

WENHAMO

Yongopeperetswa nemhepo,
shifoni iya yoita kunge chikorobho
shinda yakadamburwa pachitorobho
asi handina tsono

Handina bakatwa
ndaishanda senhapwa
kushandira koroni
asi vakandipa poroni

Vakandipa tsotso
nhasi ndoita sendinotanda botso
kungoti koso vose vanobereka tsoka
kundipa hunga hunzi bika ihove

Kundipa chironda vadzimu,
nhasi nhunzi dzondidya
kudya rinopisa mashura
ura hwangu hwaoma
Uta ndakapakata

asi apa hapadi hakata

ndowanepi usavi?

handina museve

Handina chekusevesa

nhaka! hanzi uyu anosemesa

nerimwe gore achave maoresa

ndicharemawo, kuremesesa

Kuna Hosiah Chipanga

NDAMUTANGA MUSIKANA

Hapana asina wake
hapana asina chake
aita chake ndihombarume
hakuna chinonzi ichi ndechemamborume

Ndamutanga musikana,
kachi naye mukombe nechirongo
ndini uyo ndichimunanaidza
kurezvana hedu ndichimuvaraidza

Shiri yoimba nziyo yerudo
shure rwizi rwotisesedza mudondo
shumba dzoyeva dzichidzvova
shamwari ndinokuda

Nyika yabvuma paita rudo
nyadzi newe handina, ndokubata ruoko
nyaya dzinenge uchi ndokupa nemukoko
ndakakuda musi wandakuti ba
Nyakanyaka yazouya yavingei?

waindipa zvose zvaipei?

mboni haina kubva panewe

Mereka yokuipisa, mhiri vokupfurira

vavakidzani vokutukirira vachipfira

ndakaziva iwe wega

ndinofira iwe

Kurangarira Yvonne Vera
RIP

MUSHANDIRAPAMWE

Ma me mi
wanzwa here chakauya?
vanwa here muchaiwa?
waona here yakabaka?
vaona here zvakanaka?

Mi me ma
mhanzi yakapeturwa
inosimudza matafura
kufadza nyama nemweya
mawaya emuviri kumwachuka

Mi mo mu
munondida ikoko
munonwa China makoko
makoko esadza rasai ikoko

Machinda ngaafare panze
mukati tinoda vane maree
zvakwana munhu wese panze

zvaendwa munhu wese fare

Mu mo mi
fambai bho kuenda kumba
kusasa ho, kuuya kuumba
kuumba nyika yedu
mina nawe

Kuna Awakhiwe "Awa Khiwe" Sibandi

MABWEADZIVA

CHIPOTANEMADZIRO

Vari Nharira vanotema nemapfihwa
varipo vanovadhinha,
vanopotsera zvidhinha

Hapana chigadzamapfihwa
hameno Wenera kwabviwa
mukadaro munopfuhwirwa

Ichi chiororo chinonobata Chirorodziva nevhu
Chitakochangonya chakabva kusiya Nyamutsimba atota
chingwarirei kwazvo, chinokusiyai mave ndonda

Kwete, musamushore anotsvaka boterekwa
anotsvaka chitsuwo chekupotera
kuda angawana kuringapasi

KuMbira dzeNharira

NGATITAMBEI

IBANGA IRORO

Mitsvikoriko nehwereshenga yemajaha yaichibirika,
kurasa muswe vamwe kuusunga kuti shwe
hapaidanwa anonzwa, chinzwa iro ruzha
ruchidedemurwa pamarekodhi
kumabhekiyadhi, mutaundi
ichinge iri siterio hwani

Vasikana vakati kwaku vane meso aimhanya
vamwe vakaisa misoro pasi, makumbo mudenga
raiva besanwa batawabata, chipatapata chegonzo

dhi ndi ndi
pulooooo
bhigi apu serekita

Mashizha aivhuvhutswa nemawungira emutinhimira
wemangoma
mudariro maiva nevafari vane mari, vane pfari nevane zvikari
vafari hobho nemukarakata waitofunga vari kuchata
aidya chakata aisara pasi nekunakirwa
iiiiiii makuwerere, maririre emangoma nhapitapi

Mugwagwa wainge wakavharwa nekuwanda kwevana vevanhu

Mugovera iwoyo hapana ayienda kumunda kana kuita washeni

vamugaisi vaitofundumwara kuziva kuti hapana chavo musi iwoyo, uchienderei kuchigayo?

mateki, matenesi, masandaki, mahaigoboza zvairara zvakaiswa apa,

fume zvichipenengurwa kupukutwa pukutwa

mwana wemunhu oti opoda hake, kupisa rekeni kuzora tsiye

mumwe waiti chipoko abuda akati mbuuu, muromo uchinge azora rondo

haaaa iweeeee, chitaurirwa

chiwona kagwishu kakapfekwa, hazvaireva hazvo kuti anotengesa

kwaiva kuti zviendeke awane matambiro mudariro

mumwe aipfeka mudzimundirunge, achitamba zvekuti hande

bhande rakanzwi shwe, kuti chiuno chishepe

chikepe chemafaro chorova zvino

ko ko ko vamwe voita kunge vachaminyuka

Chaminuka woye!

mitodo ungati ihurekure iri kure

Majaha aitomuka akananga kubhavha

vamwe vaingoti zvinonhuwira pfaaaaa vasina kuigumha mvura

ko pane aidzingwa here?

raitova futi zuva rekutsvaga nekushaina

vekuchikoro hwinifomu kufumo rasa vozozviwona Muvhuro

zvemagiraji zvainge zvambosendekwa China vachironga

chiro chimwe

mugaraji rababa Widza ndomavaiwudzana madhanzi
neChishanu

ukatanga neiyi iwe wopindira neyeyiya waiziva, isu totevera

Mugovera hapana kutaura, kwaingova kunanga padariro

vaibva Haifiridzi musha mukuru vafari, vamwe ndovaibva
kuChitubu

mafiya maitomuka rava kuturikidza masipika

turu turu vamwe tucha tucha

mugwagwa waitanga kusviba zvino nemwana wemunhu

ana sekuru, ana tete, vane vapwere kumisana, haikona,

huya uwone

ipapo aichitanga kuidendemura hake

ari pabango

Hombarume yakaja mabhii

akaja bhi rekutekenya mimhanzi, nekutenderedza
matebhuru

aijambisa hwitakwi nemikono yetsambarafuta

mazera madiki nevafamba mamayera vaiyeredzwa havo
nemangoma

aiti aribata haro, henaro!

donzo rake kufadza chaunga

mumba hapana aisara

usangamuzive waitomuziva chete

uchidaidzwa nekutinhira kwemabhiti

Vaiputa fodya, kwoti vairova makoti

vamwe vakahudzipa vachihudzasa

hapaidiwa weTarino

Koko Ti ndiye akavhuriswa dariro pachitevera Bhini Mani,
zvaidakadza fani

Waiva musi weMugovera

apedza hake

kubasa kwake

kufadza vaye

vasina mhere

vari pakufara chete

> *Kurangarira Billiard Sinclair "Jah B" "Bango"*
> *RIP*

NHUNGAMUTUPO NAMADZINZA

Makavaraira vakatsipika mutsago usina ndare

dzakamhanyidzana nzizi mabwe akanyorova

mambakwedza akayedzera nzizi kufamba pamhararano

kuti mangwana vazive nzira vasiri vafambi varo ruware

Makavaravidza kutapira kwemutakunanzva wemanzwi

matomatisi haadziyiswe nemachisi, ungwaru kuziva nguva
yekudyara asarohwe nechando

makakatanwa ibesanwa remashoko, anodengezerwa
asapfachuka

mambakwedza anotevera richinge rapinda muna mai varo
rikabuda

Makadzipakata mukadziridza

madzitso edu nanhasi anodzana

makashonongora mutauro mukaushonga

makabvumira nhetembo, nhaka youpenyu nhasi totenda

Kurangarira J. B.   Chivau
RIP

CHAKANAKA CHAKANAKA

Mbeu yakaenda parukangarabwe
imwe yakadonhera paivhu risina mabwe
putunu hayo ichitevera zuva, kukwazisa vanopfura

Mbeu iya yorembedza mazhanje
pakadai shanje haamire
chake kurova manja

Hapadani anonzwa
mufaro usakaonekwa
mufudzi wemombe arikupfichukawo

Sungano iri yekutamba pasina anogara parukukwe
sabhuku vatengera vasikana marokwe
kufariratu zvekurasa muswe

Kuna Feli Nandi

NGWENDEZA

Akamutenda Changara
ko akanga nyimo avangarara
vamwe vaiti akanyangara pahunhu, chikorobho
izvo aitova chitorobho, chiwepu, chamboko chebasa
chiwororo seakasvika kuMaroro

Aichigona chibasa ichi
akaita munamato wekushevedzera achiponda nhamo
aiva bhuru rine huturu rakadya nduru
wese waakabuka akaita buka
kana kufazhi kwaisadzidzwa nevazhinji,
asi vaiziva kuti anochigona chibasa ichi Sauro
tauro aisarida aingogaya gauro
mauro ose aingoteera muzvinabhizimisi Pauro

Pembe iri muruoko aigaya opfeka ipi hembe
semunhu anga azvipira kunomira pamamonya sebhuru
hutu akananga kwaMukandabhutsu
akapfeka hovhorosi nekoposi yaiburitsa mapfeka
vaimuwona vaiti mbavha vamwe vachiti kungwavha

aisava chinhu aiva zvinhu

chidamoyo hamba yakada makwati

chibaba chakada zvemangoma kwete zvemangongongo

Kurangarira Soul Musaka "Soul Jah Luv"
RIP

WAGOVERA MUGOVERA

Peretera *a b c*

maoko kwa kwa kwa, vadzidzi vainge vapasa gwaro

vakukwanisawo kugara pazvituro nezvimwe zvigaro

Shasha dzainge dzoshenaira

hadzina kuziva kana bhazi rozara unomira

dzainge dzanonokerwa kunorova mutinhimira

Pakutsetsenura mumwe aiva muchaunga akadaidzira

"mutaurire kwaMukarakate mukarati ukamera mashura!"

nenguvaisipi vakakoka vane chitsama kuzoimba navo

Ipapo nyika yese yainge yadya ngwerewere

bherengende mudzimba dzokuvata

kufara zvekuneta

KuRusike Brothers

YARIRA NGOMA
HAKUDANI ANONZWA

JENAMUPONESI

Nhasi izuva guru
makuwerere wasara wasara
Jenamuponesi ndasvika
nhunha dzose gadzikai munaSave
nhamo dzenyu kururai mukande kwakadaro uko
nhongwa dzenyu tsvetai mubako
nharo nemi nhasi kwete

Chikururamabhachi chasotwa kare
angova matambidzanwa zvimwe zvichidzedzereka
mudariro mikono yodedemera
vasikana vochibirika nekoko

Nhasi ndezveduwo
nyakufarira zvevamwe
mwedzi wejenaguru wakati ba

Kuna Clive Malung

YARIRA NGOMA

Ndabaiwa
ndabaiwa kani
ndabaiwa nebanga jena

Ngoma ndaimba
nhengeni dzodyiwa vakadekara
nhengure dzichidyawo mangangande

Nyeredzi dzovaima
nyenze dzichiimba
nyevhe mundiro, vanodzana vawane simba

Nyika yagashira mutote
nyika mupeta pasi papedze nyota
nyikadzino dzopembera mvura yaturuka

Ninga yazaruka
nzira yatambanuka
nzizi dzatambarara

Kurangarira Stella R. Chiweshe
RIP

NDIANI ADAIDZA NEHOREKA?

vari Manginde vodaidzira svika kuno
vari Mateta voshoshoma kudaidzirawo
ini Matepe ndonanga kupi zvino?

Kudaro here, varume vaneta nekunditsvaga
madzimai onyunyuta ndirikupakura zvisina
hwaro ini Nyunga nyunga ndoita wani?

kuChembire vasungana mbiradzakondo
mbiri yangu yatekeshera kumamana uko
ini Nhare ndohwandepiko?

Aiwa, zvimwe ndezvimwe, ngavatambe
vanotamba, vari Buhera ini Njari vondiita
mupakatiranwa zvinofadza regai tichinanga
Pfungwe kupungwe

Hekani, temai musasa tivake musasa
afamba apota, ndadzoka Mbare ndichingorira mayo
mayo mayo

Kurangarira Mbuya Beaulah Dyok
RIP

ZVIRI MUDANDEMUTANDE

FARIRAI

Akanga nyimo avangarara
akangwara haana nhamo
vamwe vachidya cheziya
iye anodyawo cheziya neriya zino

Matavire akataura munhu wenyama ngaafare
hapana zvinorema, munhu usazviremedze
kiti inorarama kanomwe
zvichida nerimwe zuva ichava bonga

Kuti pfacha pamusha, panoridzwa mhururu
nyangwe asina mhuru yaaunza, kuzoti akaisa mhou
maruwa ose anonyora tsamba kukokera kuti tatsikwa
ko anodiwa nevakawanda, kuisa mwenje pamhindo
kuisa nyemwerero pane uyo akasunga chiso

Kuna Felistas Murata "Mai Titi'

INONZI BHONASI

VaChibhanzi vauya vane mari vauya
vauya vane mare
marekodhi vanotamba vabva Harare
havarare musi wavamuka VaChibhanzi

Amai Chokoreti kuswera vakamirira baba vapihwa bhonasi
vazivei mudhara aenda naJonasi sezvo vakadziruma
vonoibubunya kujukubhokisi nanasisi Dhori
vane huso hwemhembwe hwakapendwa kunge chidhori

Hove huru dzinodyira kwasviba
kwayedza, kamari kese hwa, VaChibhanzi bengenu
kabhachi pabendekete iwe, sekakaturikwa
voimba zvino "Zuze na Zuze vakabonderana"
kuri kuvhara nyadzi dzokusvika kumba mashambanzou

Kurangarira Lawrence "Bhonzo" Simbarashe RIP

Timothy "Timmy" Tapfumaneyi

ANDINZWI

Mbiri yange yafamba kuti chigagairwa chemaziso makuru
changa chaba musoro wenguruve

mbiri dziri pakasiyana, imwe imhesvamikono yairamba futi
majaha

chikuru kuziva kudzidza vanhu

Muromo wagara hauzarurwi nerwizi
Baba Rwizi vaifarisa kukanganwa vakambokinditswa kuita
kachuru

bhawa rese raitengerwa doro kusvika pasisina donhwe
chikuru kuziva wekunwa naye

Sondo rapera baba Rwizi vainge vatemesa vanhu misoro
vaenda nechihwitsimoyo chavo kwaHunyani

muchero wekuba wagara unodakadza, kumwe
kumafuremhepo kumazivandadzoka

chikuru kuziva wekufamba naye

Chakachenjedza ndechekatanga
ukaona shamwari inokusairira mumadzudzo ichiziva ichida,
iwe meno nyena ukati kudiwa

kudhakiswa zuva rose, usina kobo, ziva
ndezvechikunyanguwo

chikuru kuziva wekuisa pedyo

Vamwe ndivanamurwarazhizha, vamwe benyumundiro
padiki padiki tande, gidhi mubhazi kunanga Harare
gore dha, vachijamba jamba variyo taundi
chikuru kuziva dzimwe dzakatamba nepwere

kurangarira Safirio "Mukadota"
Madzikatire RIP

MUSADZOKE PANO

Kufamba kwamaiguru vachienda kuHarare kwanyanya
tucha tucha kudzoka kumba
apa mukoma vakabvuma vanenge vaitiswa
munhu nhinhi ngaapihwe cheupenzi

Kubika kwamaiguru kwanwisa mvura yemuchitoro
vabika zvinozwisa shudhu
wangu musikana uyu wesimairi kuramba kudzidziswa
munhu ane nharo ngaapihwe cheupenzi

Mukoma wangu pane hohoho ndopaanomhanya napo
pahovhiyo ipapo achikuchidzira kuvhiya chidembo
anganyaradze achiti matama akatsva nekuzora Ambi?
munhu ane pamuromo ngaapihwe cheupenzi

Raibva regai ndiite mushambarichakwata
ndikasadya maiguru vachati ndinokwata

izvo ndinenge ndichitovakwata

munhu anokwata ngaapihwe cheupenzi

Kuna Gamuchirai Duve, Nigel Maritinyu, Patricia Putsayi & Prosper Ngomashi "Comic Pastor & Associates"

PFACHA PACHIPATARA

Moto unoti ngandu ngandu

kana wadira parafini

ukakwira bhazi risiriro ndopaunowona parifini haisi dhiziri,
vhunza Bhasiriyo

ayienda kuChitekete kwakurasikira bhazi rekuChinyenyetu,

ndiye mhere kwetsu

kukanganwa aiva neparafini musaga

parafini yakachemedza bhazi rese

mai Sorobhi ndivo vakazodzikamisa vanhu nebhareta

Nenguva isipi Parafini akasvika pachipatara nenhau yezino
raadzimai raidzimba

chaiva chishamiso muJerusarema kuti ainge adzikamisa bhazi
rese nezino raibanda kudaro

chakazokatyamadza ndechekuti mupurisa wekanzuru ainge
otsvetsva mai Sorobhi

Parafini akadya magaka mambishi zvese nesadza mbwishu
ipapo

mupurisa akoneswa ndondo achidhonongodzwa

zvaigoendanepi iye anga akapfeka madzokono eruvara
rwemutowenyamba kumecha nebhasikoro rake

rume rakakungura kumedzwa nepasi

rakanyara zvisina mukare akamboona

rakazonyevenuka roona vonanaidzana vakananga kumusha mukuru

Kurangarira Phillip G. Mushangwe "Paraffin"
RIP

WOMBERAI MAOKO APA

Ukamuona ozeyesa mafere ziva zvatanga
vamwe vanenge votarisa semapere
iye haakendenge
tikinya tikinya jaivhi ichitsikwa

Kukinditsa sadza akarereka musoro
unenge uchamupa kokora
kwanyanu ipapo akutokanyaira
unenge uchiti dzimweni dzenguva achanyarara
kunyararirei iye achizvida zvekuropora

Hee ngaadzikame
angadzikame mombe dzese akapedza?
haa musiyei imi
amwene vachati kudiiko?
munodei pahuku yemweni?

Tu tu tu kubheki siti
Majubheki Line kusvika Madziva Mine
China kusvika Utah

angori maoko mudenga

chaunga chichikuza

Kuna Tyra Chikocho "Madam Boss"

ADZOKA ZVAKARE

Nyaya yacho yakazoshaya huremu

nekuti madhamu vakaona muchuchusi ari mukomana
mutema

nyon'o yavo yakabva yasimuka zvekuti musoro wakatanga
kutema

nyevhe yavakafumira yainge yovaparira

Gengezha mukombe hazvienzani nekunwira mudemhe

Gweshegweshe aitova nani pane kufira munhanga

garandichauya makore mana uchingodya manhanga

Gabarinocheka ndiye akazohwina bhebhi ataenga bhega

Chikomana chakakiya chikabanga

chichiti patati patata, patara

chakananga kunotenga mbudzi dzadai kudhura

choruma sendakuru chichikwekweta sechana chitoko

Nyengu nepakona seasina kukuona

nyamba kutiza chipande chependi chaakatora

nyenyeredzei nzira gotsi rakanzi nga, maoko pfe mumbudu
kabheu kebhachi kachipeperetswa nemhepo

*Kurangarira Lazarus Boora "Gringo" & Collen Dube "John
Banda" RIP*

BAMBO WOYE

Unouya ndapinduka runa
ndakavinga sadza pano, pada ndakavinga inda?
kana wauya woda kundivhuna
unondiroverei, ngei uchidaro?

Unouya ndapinduka runa
ndakavinga magwere nemheremhere pano?
nzara nepwere taremba ndiyo
baba Wiriyamu ngei uchidaro?

Unouya ndapinduka runa
baba wangu wakamutengera bhatye iwe?
mhayiyo wangu newana kana kobo rako,
uri mukwambo rudzii akadaro?

Unouya ndapinduka runa
maswera heree, nyahwa nyahwa rume rikuru rochopetuka kumhatso
SaMudiro mapindwa ngei?
ndozvawakafunda kwaFata here?

Unouya ndapinduka runa

mwana waMutomati ndiye adii

chirocho chandakatadza chii?

nyamusi ndokuchaya kasoroko!

Kurangarira Simon Shumba
"Mutirowafanza"
RIP

PFUMVU PARUZEVHA

KUYAURA KWEASINA MUSHA

Hokoyo iwe hokoyo wakanangepi?
mamvemve anokutevera ukasatamba wakachenjera
pedze unenge urikutandaniswa nenyoka musango
mhondoro dzenzvimbo dzinogona kukuvhumbamira
dzawona kuti uri mumwe wevanhu vatema
ko wazivei kuti Gwindingwi rine shumba
unotokumbira varidzi kwete bherengende pevaridzi
unosara wosunda masanzu pako papera

Hokoyo iwe hokoyo wakanangepi?
wadzidziuka paya wotowona sepane chitima chingakutakure
izvo idzungu hazvina kuchipa sekumenya nzungu
hona dzangova ndangariro wabvuma vakuru pavaireva
mwana wamambo muranda kumwe
Tarubva iwe wongodzungaira usina chikonzero sedununu
unozviudza aniko? ungazvitaure sei? ramba unyerere,
wekunyewurira hapana, kana Chamunorwa hapana
Jojo akazoita zvenyika akanyangarika, wekuudza hapana
Joyisi akaenda kunotsvaga murume, baba muchengeti
Haruna haatangike, chimwayange
ipfumvu paruzevha mwana wamaisiri

Tsanzanzira chirombowe

wotosunama seunodya matohwe

inguva chete zvichapera

sango rinopa waneta

uri mudiki kwazvo

waita sewachembera

wachepa wena

hazvirambe zvakadaro

ichasvika nguva yekupembera

Kuna Thomas Tafirenyika "Mukanya" Mapfumo

NDAKAITEI

Kuzvininipisa kune pundutso
ukasadaro ibotso
ipapo unotoshaya tsotso
wanike hapana chekuvesesa moto

Mazvimbiswa aitomusimbisa
ndizvo zvaitomutsigisa
hope kana kumushanyira
raibuda maziso akati ngwe

Hweva inowonekwa nevari Hwedza
vari Dedza vanokotama
ainge opfugama
dai ndakaziva haitungamiri

Aisangombeya, aizeya nevabvazera
vakamunyeurira kuti achadura hake
sekuti changa changosara kuimbirwa
"Yesu mutungamirireiwo"

**Kurangarira Father Emmanuel F. Ribeiro
RIP**

GUNGUWO HARINA MUSHA NENIWO

Nyararai vana vemakonzo chii chamunoti chuwe chuwe?

Nyarai izita rako dai wakanzi Nyararo, usandidzvokore

ko iwe unoindepi, wakukura musoro manje?

Mwaka wekumirira mvura ukasvika waya dzavo
dzinodambuka kwazvo

mai nemwana kurova chikwee zvavo, kana kuvhunduka

Mateni kana asvika unobuda zvako, shiri iyo yakurara

Izengeya remurume, hapana chinozivikanwa

pano munhu anotamba yaada, chero ichiti pangu chete

svitsa kuno hari yemadzisahwira yedu iyo

Baba chituta vainge varembera pamubhedha sekuti
ndimusiyadzasukwa ane marambadoro

amai vemba vainge vave mai vepanze

gumbo mumba, gumbo panze

aitsiura pakange pasisina

yaingova njakenjake

Kurangarira Charles L. Mungosl
RIP

MANYEMWE NEMUNYAMA

Babamunini Furanzisi munodarirei?
wangu ndiye akakutorai moyo,
akakutosvorai sezuva,
mhenya yakakupenyerai nhaika?
Samaita ko munodarirei?

Babamunini Furanzisi musaite iyoyo
kutosvika kumba kukugashirai nemoyo
madora wakati haudye unoda mupunga nesochisi
ndazivei kuti chisi hachieri musi wacharimwa
sochisi takagocha izvo kutoigochera pautsi

Babamunini Furanzisi asi chii?
chekudya chose tanga waraira, handaireva mudzimai wangu
kunzi dzipakate handi kunzi dziridze
kuita Solo naMutsai mumba mangu
une shuwa iwe?

Kupururudza kuti tiri kushanda pamwechete
kukukuridza machongwe kufara wauya bamunini
kupururudzira ngozi yapinda musha
kuuya kuzopedza muto

kupusa kwemoyo wangu

KuBhundu Boys

TAMBUDZAI

Yuhwi yuhwi yuhwi ndochema!
nherere inoguta musi wafa mai chokwadi
ndazvionera pamhuno sefodya
baba vakaenda kare ndangova chimbwa chemusango
tariro handichina
ndaiti mwana musha

Maihwe maihwe ndochema!
dzangu hanzu dzichachena?
ndayanikwa pachena
semanga chena
chinokura chinokotama
ndozviudza aniko, ndaiti mwana musha

Ndabaiwa kani ndochema!
muchandinyaradza rinhiko?
mandikomba mativi mana
mukomberanwa Tichaona neuku, utachiwona nekoko
mandigara matunduru
munonditambudzireiko ndaiti mwana musha?

Nerimwe gore ndichazvitaura maihwe!

neriya zuva ndakaungudza

nekushaya zano ndodii

ndaora moyo

handichina mongo

tambudzai zvenyu ndaiti mwana musha

Kuna Tsitsi Dangarembga

ZVERUDO DZAVE NHARO

TSAMBA YEMOYO

Vadzimu woye inzwai mwana wenyu nditaure
ndinoda chisikana chepamhiri, vamwe vanoti chindumure
ndicho ndaitamba nacho ndikasiya chikure
nhasi chasamhuka wani

Jeneti ndiye musikana wandaireva
Jangano akazama kumisikidza ruvengo
ndozvakanamatidza yedu sungano
ndiye wandaireva Jeneti

Vadzimu vakupa chironda hanzi nhunzi dzikudye
varoyi ndimi mapaza here, ndisiyeyiwo hamunyare
ndaiti mai vawana muroora, izvo mutoorwa
Tsvuuramuromo, tsvingudzi, gwenga rekwani iroro

Mwana akabva kusina vanhu, kushoresa vabereki
baba vake vakanditemera zviuru zvishanu zvemadhora
nhasi otanda mwana, dangwe rangu pamba sembwa
varoyi ndisiyeyeiwo, ndimi here maisa gwanza?

Vadzimu woye mandirasha ndobika doro here?
zvinondinetsa mumoyo, inga akavimbisa wani

mwana achachengeta sewake

ngaaende ngaaende zvake Jeneti

Kurangarira John "Chibadura" "Mr Chitungwiza"

Nyamukokoko RIP

CHANDINODA INGUVA NEWE

Ndiwe muridzi wemoyo wangu
kana usipo ndinosuwa
ndinokwira *bp*

Makore manomwe apfuura vakatiimbira "Pfuruhwa"
kwaakusakara kwedoo, nhasi wondifurura setsarapfu
kundikwekweta kusiya ndasvava kunge mudzonga
wenyama pamutariro

Kare taironga rumwe rumwe, zvino ava madirativhange
kutaura newe dzangova nharo, ava madzanambwanana
kutadza kundipawo nhambo nhatu basi pazuva rese

Ndiwe baba vevana vangu
nditaurire kana usisada nezvangu
ndizive kuti ndakuita zvenyunga nyunga hangu

Kuna Prudence Katomeni-Mbofana

NDIKO KUPINDANA KWAMAZUVA

Wakaenda Ngirande
kwakaenda imbwa ndokwakaenda tsuro
kundisiira mombe mbiri nemadhongi mashanu
wakati wonosevenza nhamo ichauya
wakandisiira Nhamo

Shoko rakasvika BaNhamo vakutevedza hwakavhenekwa
uchiri kuno dzange dzosukwa Nhamo asina hembe
zvakandidzimba, Ndira kubata Zvita uri mwiro uchinwa
makore manomwe anoraudzira wakafuratira mhuri
kundiita garandichauya

Baba vaNhamo kuita bete rawira mumukaka
chaikuda kana chokusema
unonzwa sewabaiwa pfumo reropa
sewanamwa miseve gumi
izvo kupishana mupfungwa, kufunganya

Kuungudza nedambudziko randakasiirwa
ndowanikwa zvangu patsva?

ndingadzi ndamhanya?

Nhamo ongovhunza baba vake

ndomuudza sei kuti vakandiita garandichauya?

Padiki ndakafunga kudzokera kwababa vangu

babamunini Haripotse vakazviramba

vakati mwana vanochengeta

pasina kana sendi rako iwe Toropito

vane hanya nerudo naNhamo

Gore dhu babamudiki vachibhadhara mari kuchikoro

iniwo vasvika pachikamu chekundivakira chitoro

Haripotse ingarakata isingatonge nechitororo

Zvirinani kuendako pane kusimbirira garandichauya

Mambo Ndyire vakati enda hako

vamwe vachati kudiiko?

ah ndisiye ndini ndadiiko?

hauna kunditora Ngirande ikoko

nenhamo yangu naNhamo regai tiende

Kurangarira Patrick Fani Chakaip
RIP

UNODZOKA HERE?

Hwitakwi mutsikapanoti eh
yakatanga ichitsvaga Maria ikazotsvaga mari iya
yamuwana yakazotswanya chimera chikamera
yakageza mombe chena ikachena

Yakayambuka hova ina
kana kufunga kuti mumvura inogona kuinda
chayaifunga kunotanha nokuzunza inda
idzo dzainge dzoshayisa mufaro, mukunda

Yakadzoka yakadengezera mukombe
mukunda wamambo yakasenga pafudzi vanoona vamukudze
jiti naye mudariro
vodzana ngoma yavaZumba isina mbariro

Kwawaenda kumaRimuka unondirangirira
kwaMusamhi kuno ndichazama kukumirira

taura chidochemwoyo ndaneta kumirira

ndayaura Maria mudiwa hauchina rudo rwekundipakurira

Kuna Mukudzeyi Mukombe "Jah Prayzah"

NGAAENDE NGAAENDE MUNHU UYU

Nekuti moyo wangu unoparara usadaroo

wadarireiko sha?

hauna mari ndokuda wakadaro

wandirasireiko shamwari?

Usaende Matapiri

mbatatisi ndokupa nesadza zvaunoda

mbambaira ndokuisira muzai zvaunoda

handicharutsa wani sepakutanga, ndozvandakudawo

Michongwe ndowacha machongwe asati akukuridza

misana yehuku ndoikanga kusvika mita yopururudza

kana uchida kuenda enda zvako mudiwa!

handinei newe, ende ndini ndadaroo!

Kuna Plaxedes Wenyika

MASHURUGWI KUMADOKERO

Iye Suzana kusuzumira hona ungati itwiza
kudhudhudza Twiza nemurumo mumwe
minwe yacho inoodza nyemba
munhu kwaye iyeye?

Kufamba achizunza mazakwatira deno achitenga chingwa
kumeso bhanan'ana mabhanana handichadyi
chiona gokora kunge kokora
chiona hwapata kunge shiri yemusango

Pasi rose kwakasara iye regai henyu
kana mbasera zvayo garai zvenyu
kudhara ikoko hwaiva hudiki
moyo muti wakamera paari

Kuna Rockford "Roki" Jospha

PARADZAI WAUYA

Kupfimba Chido kwaiva kukwira gomo

magate ndakatakura mana zvese nemigomo

mazuva ese ndaimuyeva hake akapfeka migomo

zuva raakapfeka chigwishu ndakashaya remuromo

Rinonyenga rinohwarara

ndaingombeya panaMharapara

chido chiri kumuona achipesuka

mbariro yandaitemba yainge yatsemuka

Dai ndakaziva haitungamiri

pavaviri hapadi gwevedzi nyangwe uri mhiri

pane madhara asingade kukura ndaiti varikufambira ini

ndaive murima mudhara Kode aitosimbisa ake masinhi

Kuna Daniel "Decibel" Mazhindu

NDINOKUDA NDINOKUDISISA

Uri kuwanza hasha nei?
unogarondituka, kundizvidza
ukati pfutseke imbwa
wani yakagogara mumba

Gaka kune mumwe igavakava
tsvigiri kune mumwe imhiripiri
imbwa ikagotevera atenzi kunofa
ndiri benzi ndakati ndinokuda?

Tete ngavambokupa ndorani pamwe ungaite nani
sekuru nekudivi vokupawo zumbani
kurara ndakaita dhora kurinani
handingagari negarinikuni

Arimugota akange nani
anogota moto nembwa yake
imbwa yakanaka ishamwari kusvika murufu
imbwa inotodiika nekudiwa zvemashuwa

Kuna Lungisani "Sanii" Makhalim

NDINI UYA UYA

Muhomba wembambaira rava gomba remarara
maida kundipfudza
magumbuka neiko?
muri vematongo
mufandichimuka ndiwo wakandirumura
mangwana munatanga mafambira

Munodei panamaiJuli?
muchineripi zano?
manje muchaneta!
ndiye mudzimai wangu
ndiye chete wandakada!
handicheme iyi hondo yamunayo neni
ndinoziva zviriko futi
rwendo rwuno ndakagadzirira
chinouya chinooneni kumagobo

Kurangarira Simon "Chopper" Chimbetu
RIP

ZVIKWANISIRO

TSVARAKADENGA

Anoyendeka, akavhenhekwa zvemandorokwati unotonanga
Karoi kana Kariba
anoti tonho achipedza nyota zvisina kudenha
zvirokwazvo mufarirei haakuparirei haasi manga chena
mviromviro dzake dzinotaura dzega paasvika

Ukamuti dzvii wotosimba naye usamusiye
unonzwa manyukunyuku zenze kuti tugu kana nemutsiye
mungava muhovhoni kana muhofisi anokwana pese
mungarava kana munhava anozviisa kwese

Anowanikwa neatanga
besanwa bararamhanywa
ndoda ukawana akatsinzinira akagoka koposi nhema
hona zvakapfekwa zvacho zvinonwisa mvura

Unotomukwazisa chete nekuyevedza kwaanoita
ipapo unenge wamupasa manyemwe zvino
obva arerekera, padumbu wakati dzvi, pamusoro mha
wochiti "mhoro Mvura" uchitwasanudza hanzu
uchiidhudhudza kana kuti dzvutu

Kuna Mudiwa Hood

CHIBATAURA

Handidi tsvina
ndiri musvinu

Kana wada nezvangu unotokwinya
imwe mindya inondibata ungati imbezo dzevaroyi
iko kukonona kwenzara
ungati ambokwazisa mhara
anowona anoti kwetsu mhere
inonyaudza vakabira mhiri
izvi hazvidi mhoro,
kana mhururu,
kuziva kuti mawoko ngaagezwe

Kamwe unowona koita chamunyurududu
sechana chabva kuChemadango
kachitsvara sekadhiidhii
kakapfumbata magaka madede
ndopaunowona kuti vari mugomo vanodada

Bata mabhonzo kana mazondo,

chasara kusungwa mbiradzakondo

vekujecha unonzwa voshaura jeda

jembi

veku *West* voti *jest*

mhiri kwaSamora voti *pap*

pasadza hapana nyanisi asi hanyanisi basi

remhunga wakadya hwindo maMhunga wakananga Nyamhunga

rezviyo richiperekedzwa nehanzvadzi yaro wakananga kwaZvimba

remapfunde wakati tande uchichekerera naRunde

regorosi wakazadza hovhorosi hoyo kwamatombosi

hazvinei watemura, wadya nemhepo,

kana mazino enguruve kana mhino yemombe

chikuru kunokora musuva

Mhoro Sadza

KuSadza

BHUKU HARINA KUSHABWABWA

Hupenyu hwunombogozha
kunyanya uine mhazha
mbozhanhare inovharidzira so
zvokwadi chaizvo

Imi mbuya
dosvikai pano timbobwereketa
mabagwe ayo mangani?
makaverenga bepanhau reSvondo here?

Munogarozvihwaka kwacheyameni
kana uchida kuvanzira munhu, zviise pabepa
hapana chamagona ndava hamuverengi
bhuku rino rinobudirira sei?

Ahi, hamuzive heya
anoziva sei, munhu anozvida zvekuverenga here?
ahh ndinovhunza sikotidhonoro angazvizivirepi
chaanogona kuvharazipi
KuNerupiri vakakufundisai kuverenga kaviri

pasi tsve chenyu kungofunga toendepi neChipiri

putugadzike munoimukira kwaChinembiri

kutadza kufunga zvinopa cheuviri

Pasi tsve kunhonga kana chipisi chebepa

bepa munorida kuchimbuzi nhaika

hoo ka, mahwisisa

chitangai nechichi

Kuna David Mubaiwa "Sabhuku Vharazipi"

VAMUBATSIRI

Kare kare zvako
akosora
amedza sora
vese vaingonangiswa ikoko

Aita dzihwa
anwiswa hwahwa
adzipwa nehwiza
vese vaimhanyiswa ikoko

Aita buka
aita nhudzi
amedza nhunzi
vese vainangiswa ikoko

Abuda mazino
achaya
asiri kunwa mvura
vese vaiyendeswa ikoko

Aita madzikirira

ane nhoodzera

anoda kukweshwa nhova

anosema mukaka

vese vainorapwa ikoko

kwamai Ovha

Kurangarira Ambuya Mukonono
RIP

AFOIRA HAATARISWI KUMESO

Nhai vabereki shuwa munodarirei?

ndakanyora bvunzo

maida ndidii kwazvo?

makandipa here mukana wacho

nhasi zvomoimba mauuuuu?

Vabereki munodarirei?

maimutuma kutaundi nguva yechikoro

mukamubhadharira faindi apaza chitoro

Vabereki shuwa munodarirei?

zvaisiririsa, ako kamukira kudoro, hoyo kunhimbe, mhanye kuzunde, churi kumaricho

kurara kaizongoti rapata ndiye tasa kunge danda dzamara mangwana

Zvakabuda mubvunzo ndiwawa mawodzamwoyo

chikomana bhigi chakakoniwa

vabereki shuwa munodarirei?

Kurangarira Paul Matavire "Dr. Lov
RIP

VAPUPURI PUPURAI

KUHWEREKETA

Taitobva hedu kwaChabwino kunotora hembe kumusoni
ndiye misei motokari yepfumburu yaidandaura Chisoni

Gitare mariziva here anamai?
uyu waiva mubvunzonhando
takagutsurira
pasina nguva wanikwe tananga neimwe nzira yemukoto
nguva yatirikuvhunza chiriporipotyo motokari tsviriri
tangoti tikuratidzei ndopaakadzidza apa muimbi wedu
mota ndiye tande nenzira yakananga kwatinoziva

Pamhiri apo paigara Sara, ndakambofambidzana naye,
ndakadzidza rudo vaviri wechitatu muzvinaguhwa
manzwiranzwira dai ndakaita mashoma, akazoroorwa
naDhubha

Wandidzora ndangariro wena, angova matakadya kare
ndakambomhanya naPetunia tikapisa zvekutoda kuchata
ndakatangirwa nanamurondatsimba, vakandinokora tsoka
chete

Nyoka huru yakambozviruma here?

mutsvagi wechimoko ndiwe, anozorambwa ndiwe

kuseka zvangu mhanduwe, charakupa batisisa

Iwe anamai vaneta, ngatirove basa tinyerere

basa redu tiri vatyairi

ndipo pane chiraramo chedu

Kuna Alick Macheso "Baba Shero"

MUTATARIMBO WAPA CHISIMBOTI

Pasi pemutiti varoyi vasangana pakati pahwo husiku
kuri kutiza chizhuzhu
nguva yareba mumana vachihumana
misoro yaneta kudhumana

Tsamba kusvika kwayo hana inoti tiba
ingava nhau yerufu, yeurwere kana yerudo
dzimwenguva ingori kwaziso
yasvika tsamba uchikuya checheni,
kuyamura aita mota pagumbo

Tsamba yakadhindwa kwaTsambe
haasi wese murimi arumbidzwa anofamba akakotama
chiso chakayevenuka nehuchi hwaiyerera mubepa
uku kwaiva kupururudza ngoma yapfumbira

Bu bu bu
maoko svitsei pamuhacha
mukwerera wasvika vanamuchacha vodzana
tsamba yekutenda kuyarutswa

kutsengera hura hwetsamvi takayarutsa

nhasi totendwa neiyi mwadi

*Kuna Francis Muzofa aka
@Pope*

UGO HWAMADZINZA

Mukomana aingoti haana mari
kuenda Kwekwe kana kuenda Kezi
Mazoe ainge ave kumunakira kuMazowe

Yakazevezera kwaari njiva
akatevera saiyo, akativa
ainge ateya riva

Akatinha mombe zana
akawona riri zano rakanaka
ainge ateya mariva murutsva

Achatyei kusviba magadziko?
hoyo onyora zvino mazambuko
anoyambutsa kare, nhasi nekoko

Sekuziva kwake zvisina anopikisa zvisina anopatsanura
orudunura muchinda semawonero ake nekutsanangura
haiwa koriwe, koriwe, haiwa koriwe, totambe mhande

Kuna Pathisa Nyati

MESO PIRIVIRI

Kora makatora zvange zvakakodzera
makataura mombe yekuronzera kama wakaringa nzira
vekwaMutenhesanwa vanotsvaga mhesanwa

Terera unzwe chinun'una Tururu
mwana wamambo muranda kumwe,
kukwira gomo hupoterera
isu makore edu hwaiva mutserendende
shanda nesimba
vamwe vanotorara musango
vamwe vanorarira mbambaira mupoto

Teerera unzwe chinun'una Tururu
hamawe kwamugere kure musatokonye vandigere navo
ukawana wekuturira, wekuchemera
toti batisisa wagona fani, ndiyo mbabvu yako
ndakuenda, basa ndasiya ndapedza, zvasarira iwe
chisarawoga
ndabvuma kuenda Dande
Ndakaziva pakare paye kuti zvainge zvanaka

kamoyo kakayevenuka ndonanga Dande

ndainge ndisina nyanga yenzou ndaiva negomo rerudo

nyangwe Sandak ndainge ndatenga nemafuta eOlivine

kamoyo kaingoti tiba tiba tochekerera Mavhuradonha

Zenze tugu ndodongorera pasi

kufara kunoyamwa kumatongo

uriwe wainzva sei kuona vanhu vakasvipa?

kuzara kushaya pekutsika

vanondipasa manyemwe ava

Wanga wapindwa nei nhai Tururu?

Kusara uchiita hunhu hwakaipa kudaro

Ndaiti ndakayarutsa, wanga washayei?

ndezviudza aniko?

wandipfuudza nepadope

madzudzo

tumirai mhere kuchitsuva

kwaita mabasa

> ***Kurangarira Oliver "Tuku" Mtukudzi "Samanyang***
> ***RIP***

NDIKO KUPERA

Aikorobha kuseni pamba kuMakokoba
makona ese akamadonongodza
ipapo paisadiwa vanokodoba
paidiwa vanoumbiridza

Ah makotsi here ayo?
kwete doro makoti
usaite sekatsi iwe!
dhojo rese bvuu

Aiva nyanzvi muzivisisi webasa rake
aisava nemazvakemazvake
akatakurawo twekwake
hutu kuNguboyenja

Kurangarira Cont Mdladla Mhlanga
RIP

BHUTSU YEDHONGI

Purezha inokudya kusara wavamarangwanda

ruzevha unorwudemba kwawakabva

nzunzutira hako uri Wenera

musango wodzungaira

nyika yaenda maodzanyemba

Nyii dzinodyiwa nevene vadzo

nyenze dzinodyiwa munaMuriranyenze kwete musaga

nhamo haina zera

murume mukuru kupukuta ziya negokora sekamba

hapana angaite kanzatu kanzatu waitsvinya uchitevedza
majojeti

kudya wopona nekunanzva madziro sebete rakasara
mudongo

iwe Chaporonga iwe, musiyadzasukwa wotopona nekutedza
ndari

uchipfichura tsapfu dzine miganhu kunge bhodhoro reTarino

Apa kuroora hauna, muromo nyindu
chiso kunge diro rinofamba mufeso

sango wotodzungaira

iro rinopa waneta

kwete waniwa

wakahwapurirwa nguva nasisi Dhori iye zvino miromo
kwedebe

uchitamba hujaya seuripamudyandigere

uchiita mutambarakede nevanoita mutemerege webere

musango wodzungaira

nyika yaminama

wakadyiwa netsanangudzo dzenguva

musango wotodzungaira

Kurangarira Kenneth Chigodora
RIP

ARAWAURU

Bhangi, ngiriro ngiriyo
ana bhangu munoiziva here iyi motonzwa nanaChibhanguza?
vamwe tinobata zviri muchinokoro
zvichangoburwa

Zvikabudura makarova
asi hamubudi pamukova
mungaendepi imo mudova?
sare kuda kuwana anorova

Taanemari tohuchucha nhaka!
taneta kuchipiswa pasina daka
takazviona shereni rihombe pamhaka
taedzerwa kunotora yedu nhaka

Pangu papera
handina kuziva tichafa,
ndingori Tindo
handina gidi

Kuna Shimmer Chinody

SHUNGU

Ndiye wandaireva
munhumumwe aifamba nevamwe kumativi mana
vachifadza vatana nevapfanha

Vaimbi nevaumbi
varimi nevavhimi
vavezi nevaredzi
vapfupi nevapfumi
varefu vane ndebvu
nevasina mabvi
variNgirande

Akagozivei zita remwana
nziyo ichaita muchokoto
nyakanyaka pahukama

Majaivhi akarohwa
madzisahwira akapembera nekufara
varoyi vakaridza mupururu
zvinaani kuti kwaingova kutsikisa

izvo watopumha umwe huroyi

musamutaka namabwe

kwaingova kuimba

basa richiva kufadza vanhu

Rudo rukava ruvengo

ruvengo rukadzika midzi

kungobhoekana nekubudirira kweumwe

Akadaidzira

tauraya rudzi rwedu

vamwe vakati siya ipfambi

pfimbi yake ikati kwete

vamwe vakati siya hazvina maturo

mufungo wake ukati zvinozadza matura

kuvenga budiriro yeumwe chiiko weduwe

Pfimbi yake yaiva hana yake

haana kuvanza kuti aingova muimbi

Kurangarira Marshall Munhumumu
RIP

AKURUMA NZEVE NDEWAKO

BATA MAZWI

Ndipe nzeve muzukuru Tsuro Magen'a
iwe Shuro wanetsa
inzwa ini sekuru vako

Ukaramba Liosa unenge waruza
aya makomborero edenga
ngatinangei hedu kurwizi

Akuruma nzeve ndewako,
wanzwaka iwe shuro
shungu dzangu kuti upinde mumba
ugotungidza gwenya mako mumba
mugove wako ndiyeyu mwanasikana
dai zvaikwanisa ndairidza huhwi anaMukanya vandibatsire
kusimbisa nhau iyi
vhura meso uone kundiso yamisikidzwa pahuso hwako

Hupenyu mutoro muzukuru,
muwanano muchasangana nemhandu dzinoda kukupesanisai

mharadzi dzinorwira shaisano, asi mukabatana munoikunda
miyedzo

Kuna Leonard "Karikoga" Zhakata

MUENDAMBERI

Muchinge moinda
monofamba naye pore pore
monomutapa mashoko ose
toti makorokoto masvika,
mukakunda apa vazukuru

Anowarira jira sezvariri
zviri kwauri dungamunhu kufuka kana kuwarira
chibatisisei ichi vazukuru,
aichiva mapurisa aitodawo mburuchusi semujoni

Chivindi chinomubata chinovhundutsa
zvisina kutya, zvisina ruzha
zvinoyanikwa sehowha pfiripfiti
kunzi nyena pamhene
kuitira vane nzeve
neavo vane meso
vanowona zvavo miromo yakanzwi tswi
simba riri paari zimba remabwe, hariwi
simbi inotsemura dzimwe

Kuzvida kana kuzvisvipa

isimbi isngachekeki

simbi isingadzori tsvimbo

simbi isingadyire imbwa kunyara

simbi muchekakwose, mafirakureva

simbi inokwenya gitare padare, vadare vachidzana

Kuna Clive "Mono" Mukundu

KUGONA HUNGE WAPOTERA

Ndizvo zvarevashe,

Changamire Mhazi

kana wapinda musango

sango rine shumba

usatya dzikama

uri shumba iwe

Kana wobira mhiri yaShashe,

tsoka dzisati nyakwe nyakwe

ngadziti dzi mumvura,

simba remvura imvura,

chidziva chakadzika chinengwena chenjera

Uchasangana nemhombwe nemhondi, rovera mbambo

ukawona kudya kuchinetsa ita barika,

mukadzi mumwe inhehwe yomubinda ikakochekerwa
pamuti unosara wava mukuna

Rova zvako masango

Kurangarira Ignatius M. Zvarevasi
RIP

GAKA IGAKA

Inzwa izwi
izwi rinomhanya mumasaisai emuchadenga
izwi rinoita chemutengure mudandemutande
izwi rakafamba mamayera mitunhu ine mago
Ko rakabvepi izwi?

Izwi rinouya semutinhimira wemheni
mhene dzinoshuvira kuva izwiro
rinopisa kunge mbaura
usamira munzira maro uchiita zvisina maturo
ukarigonera rinosvika sedova
nzizi dzose dzoyerera
pasi rarangarirwa
Davira izwi iro

Izwi rakabva mabvazuva rakananga Chirorodziva
raibwinya haro nedzimwe nyeredzi
rakadzika roga bedzi, zvimwe pane chakarihwevapasi
ukawona Hweva waona Hwedza
ndokwarakabva kutsi kwenyika

kunoindwa nechitundumuseresere

nevasinganwe masese

Ndokwakabva izwi

Izwi rakapfuura nzvimbo makumi mashanu nerimwe

rimwe zuva rakati zenda

rakakanuka ronzwa hovhiyo

zviyo rikamwayiwa kumeso nemasisita

havana kuziva kwaiva kuritsigisa hana

harina kuzoita hama

kana rotaura zvino rinopaumba

igabarinocheka

nemo nemo sedemo

harina munyarikani, harina muvakidzani

Ndozvarava izwi

Izwi rakabvepi?

Chibvongodze

hakata dzakareva

ndimafirakureva

iye izwi uyu

izwi hobvu, nhete rinodzipwa neganda remhuru

ndiyeyu munyerekedzi, vanasikana vanoridza mhururu

iro izwi iro

ndiro gava, vanamambo vanoyenzaniswa

ndiro izwi revasina mazwi

ndiro izwi chombo kuvarombo

ndiro izwi pfuma kuvapfumi

ukanzwa richihonyera sekera mudundundu

Nokuti izwi rine izwi

Izwi rinocheka dzadya nedzabva

izwi risina nhoroondo, risina mutorododo kana rozuwa

izwi iri ihomwe

izwi rakarima pahombe rikawana mukombe

Izwi rakapihwa mazana mashanu nerimwe emombe

izwi rakapihwa mukurumbira

Mukumbura, Chitekete neChecheche vaitorikumbira

mbiradzakondo hadzivhiki izwi

izwi, izwi

izwi harina muganhu

rakafamba mamaera

mwiro haro serisinganzwi

Nokuti izwi

Kuna Wallace Chirumiko "Winky D"

CHIKONZERO CHIIKO

Madzisekuru nemadzitete kundigarisa dare
sei ndakatama pamba kunogara kuMbare
kuswera ndakagota moto ndichiita mbare
chikonzero ndichochi

Baba namai harinyure pasina kuitwa magandidzanwa
muparanzvongo hameno ndiani, ndongonzwa ruzha
ndaneta kugara nemadharakubhe
ndichochi chikonzero

Hongu hakuna dziva risina chura,
hakuna imba isina mapfihwa anogumhana,
vana tinofundei vachinyandurana tiripo, kukanganisa?
chikonzero ndichochi

Ndichochi chikonzero, chandiita mugarandega
zvirinani ndigare ndega, mugarandega vasekuru

Kurangarira Tobias Areke
RIP

TSIME

Itsime rakadzika
tsime rine matatya
rine mvura yakati nyangarara
kune vamwe itsime rine mvura yakati chechetere
inochenjedza vangwaru
kune vamwe imvura ine zerere inosembura kana kutarisa
isinganwike

Itsime risingapwi
kasipiti kanotonhorera
chisipiti chinosinina mvura chena
kuinwa unotopfodora hope pachena
hope ruware rwekuzorerera misoro ino
nyaya dzinotemesa varume vakuru misoro
nekupesanisa madzisahwira
ko unogotyei kununa iwe wakasasikwa pagango kwaFatso

Itsime risiri resimbe
rinokokera kunhimbe
rinemvura inoratidza mbovha

ukatarisisa unowona humbavha

uri wemoyochena unowona manake

kutowona zvose ari makeke

mifungo inosiyana

charo kupa mvura

kunwa kana kusanwa

kusvipira kana kusvinira

kuyemura kana kuzemura

hazvimise kupfachukira kwayo

ndava itsime rakadzika

rine dzinde pasi penyika

kudira mavhu kana kuisa bhavhu

rinopa mvura yaro chete

ndava itsime risingapwi

Kuna Hopewell Chin'ono

MAENZERA MUKAI

Harisi dambe mazvihwa?
haasi mavingu nejikinyira
vozeveza zvino vananyanduri
vodanidzira vashauri

Hausi mumvuri
haasi mapondo
vodeketera vanyori
voshevedza ivhu
havanzwi
havazivi
vosumwa vari kumhepo
vomberereka vapwere kutsvaga shumo

Zuva ndori muna mai varo
mwedzi wagara wavhara meso
nyeredzi yava chitaitai
nesuwo takanangepi?

Kurangarira Chenjerai Hove
RIP

MANDIPAWO MHAMBA

Kumutsa arere chekutanga itsamwa
Ko unodarirei?
kurota ndichidya chingwa nechitaka
izvo ndirimuhozi kuZaka

Kumutsa arere chekutanga itsamwa
ko unodirei kudaro?
kurota ndiri chiremba wedzidzo, muzvinafundo
izvo ndakapfunda hacha mubundo

Kumutsa arere chekutanga itsamwa
ko wadarireiko?
kurota ndichipihwa mota nevana vesangano
izvo ndirikuyanikwa pamberi pesangano

Kumutsa arere chekutanga itsamwa
ko unodarirei?
kurota ndadzorera bepa resvomhu
izvo kufumira kutarisa bvunzo chabuda hapana

Kumutsa arere chekutanga itsamwa

ko wadarirei?

kurota ndichitonga padare

izvo ndirikuwundurwa mudare, pane nyaya

Kumutsa arere chekutanga itsamwa

ndozvinoita hope

kukupa rugare

rugare tange nhamo

Kuna Bob "Headmaster" Nyabinde

NDIKO KUSASANA

Ndini baba wako
ndaona pfumvu yawatamba
waona chitsvuku mwanawe
shingirira mwana wedangwe

Maruva enyika iwayo,
kuwona guyu kutsvuka mukati rizere masvosve
pfungwa yavo kutetena ndai vachienda,
basa newe havana kana

Ndipe nzeve nevanji
wakada wokure, chiona mhirizhonga yaakaita
rooranai vematongo
rurimi inyoka, tarisa zvaakasiya akuita

Mwanangu tamba woga, gara woga
wasiyanei nehumburukwa
zvirinani pane kugara naMarwei
munhu wepi anomisidzana nemurume
Zvirinani ugare woga, tamba woga

imba isina rugare?

Marujata haagarisike naye

tamba woga mwanangu

Giles Kuimba

URIWE WAIDII?

Chimbomirai

zvakanaka here izvi?

hazvina kumbonaka mufunge

Chiringazuva chabva chatsvuka chikakwata

chasara kupakura sadza,

nekudya

Vadiwa vatariri, idambudziko kushaikwa kwemvura

zvakanakawo here kuti tezvara onwisidzana mvura
nemuroora?

vekwakatsekera varipano, kuona vangagadzirisa sei hosha
yadai kuparadza dzimba dzevana

Yabva yapinda imwe, ngativerengei iyi

mukomana arikuti siya chikoro utengese muchitoro chake,
ozoroora neporofiti

aiwa, uko kutungana kwembudzi, madzanambwanana
chaiwo, bereka tsoka zimhandara

Kuna Mai Chisamba

CHANDAGWINYIRA

RAMBA UCHIKAKATA

Imba kubva payaiswa ruvara rwemashizha

iyeni ndakatarisira kuti panopera zhizha ichange
yacheneruka

imi woye ndazivei kutarisira zvisiwonekwi

imba yave nemakore mashanu haisanhi yasanduka

Chitarisa tafura yacho

chakandikatyamadza mitengo yakarohwa nechando ndikati
chando chinozosvika tovesesa moto

chandaziva chii?

chigumbo chinokuwudza wega kuti yaa zvazvinhu

Mubhedha ndaiti uchatyotya sadhunda so

mudhebhe wokurarisa ndakavirikidza kutya kumarwa
nezvipikiri

maihwe chinzwa unzwe!

muviri kuti tepfu kupombonoka mumutepfetepfe

Pasofa ndakati kana havangagone zvese

pafeya ndakabheja yangu mari vanoidzosa chete kana iri
midzoto

pungwe ngakagara ndichisesedzwa nekutepfenyuka

pedze ndainge ndirikutovewa muviri uchidairira kudekara

Ndaiti masaramusi chete

ndezve nhando izvo

ndagozivei chitaurirwa mbare dzekumusana

ndagozivei kuti ndezvemhando

Zvabvepi izvi

hofori isina hohoho

isina nyakanyaka ine hanya nevamwe

inebasa nezvigaramakomucha, matafura nependi

Kuna Tinashe Mutarisi

PAKADAI HANDINYARARE

Huri hwose nakatsande kusvika arumurwa
vaida adiiko?
tinogona kuona seapfuhwirwa
izvo kudzivirira kurwa
ndaazvinotangira mupfungwa

Tinopona nhaka!
pagara pane daka
kunge akadya chitaka
kuzviwumburudza mumadhaka
Haasi materu, kukwira gomo hupoterera
kanganise ukabwaira zvisina mutoo unowondomoka
kambaira kana zvichibvira, usakande mapfumo pasi
ukatsumwaira kuita hwadahwa unomuka wave pasi
wasvika wani chiona maguta hobho nemukarakata
wakudya huchi nemukaka makumbo ari muhupfu

Kuna Tinopona M. Katsani

MWARI ANEWE

Neriya zuva Neria akafumoenda kwaVaMutema
mai nhiya agozivei mberi masango aiva matema
haana kuziva raizonyura huni dzotemwa
yuwi yuwi maihwe!

Waiti wawana wekuchemera nekuyemera
waiti wawana wekuchengeta nekuyemura
wasiiwa pachena rakacheka nyika

Nhaka handi bonde
haisi mhaka kusiiwa nemurume
anoziva ndiye Musiki kuti seiko

Hazvifadzi izvi hanzvadzi
rushambwa nerushavave zvakumomotera senhunzi
ndichamira newe pamutoro uyu wawatakura pamafudzi

Chiona manje mukupindana kwamazuva wakuvaima
sezuva vamwene nevamwe vakayedza kukufushira
mumwena asi wave mwenje

madzikoma akakusiya pamhene asi wakumhanya semhene,
wava mhene

Kuna Jesesi Mungoshi

NDIWE UCHARIMA GOMBO

Zuva parinobuda newe shaina
usangoshainisa vheranda
newe shaina

Cherechedza paunotsika ungawa
tarisa munofara makawanda
hapana anoda kuwa

Changamuka ndiwe ramangwana
changamu-changamu mwanasikana
chave kwauri chijana chekumisikidza ramangwana

Bvajanu kuvhura zvakavanzika
bvanyangura ufuke kana kuwarira patsva
bvudzijena ndere munhu wese hazvina kuvanzika

Kuna Patricia Mabviko-Musanhu

SELIMATHUNZI

Paradzai wauya
hakuna awuyawuya gogoi
muParadhiso

Wasvika pakero isiriyo
wakatasva bhasikoro risina
keriya wakasenga pasuru
isina kwayo

Paradzai wasvika
pasipo pano panotengeswa
sipo
pada wawana asipo

IParadhiso ino asi warasika
izita idzva pano, pamwe
wakasika ivhure pasuru
pamwe ungabatsirika

Kuna Elizabeth Tshele "NoViolet Bulawayo"

KUPFUMA ISHUNGU

Tarenda rinotevera warada
kwaranyanu pachigaro rakananga haro kwarawona muwono
kudzidza hakuperi
zviuya zvirimberi
tsimba itsoka
Tarenda hero romema hana dzevanhu

Tariro hadzisi dzose dzinokunda
tevera matsimba emunhu wemukati usabvunda
tedzera gejo remoyo ndava ndiwe uchawurima munda
tererai ndozvinoita vangwaru
takarasima nekutsvaga zivo
Tariro ndicho chokutanga, tsunga

Tarira uwone orumwa iwe, nendakumba
tumipimbira kuzvimba haachakwanise kutamba mbakumba
tura mutoro uyo tarenda anozevezera
tarenda ogara matunduru evane shungu
turunura mutoro uyo anopamhazve
Tarira uwone moyo woyevenuka

Tarenda pfacha

tariro yofushirwa sembeu

kuidzura ichava nedzinde

tarisiro hadzisi dzose dzinokunda

tarira uwone ino ichakunda

Tarenda hero rotevedza tsoka dzatenzi

Kuna Tererai Trent

MAZAMBUKO ZVAAKASIYANA

Zera harinei nezivo
zino harinei nezenze
zuva harisarure
zamu harisarure
zano rako chete ndiro rinodiwa mudikani

Chinono chinengwe
charakupa denga tenda iwe
chidokwadokwa chefundo chakati tii
chibatisise ubate chido kuti dzvii
chirikupisa ichi

Muhuduku mavo varikuita maminimini
mukudupika kwavo varikushenaira mainini
makuwerere handi makwikwi
mukarwadziwa munoita munhikwi
munotomunzwa chete kubva Mhangura kusvika Mutirikwi

Kuna Maud Chifamba

NDEKAPI NDEKAPI

WRONG BAG

Handikweteke majokosi, ndinomainda hokoso
pamhazve,
ndati handikweteke majokosi mapfupi

Izwi rakadaidzira
munotida ikoko here?
hapana akapindura

Izwi rakadaidzirazve
ndakuuya ikoko!
yakava batai murefu batai mupfupi

Hoyo osenga bheke remhosva
aripano arikundinzvenga mumwe kundiramba
kundinakurirana kunge nyoka mhenyu
chaikuda kana chokusema

Ndezve meso
arikunzunzutira nemarabha
hapana kana anoda kutakudzwa bhegi remhosva

musandiremedze nezvisiri zvangu

kunyamura bhegi remhosva

kuzvipirei mutoro wakadaro

Kuna Freddy "Kapfupi" Manjalima

TAMIRIREIKO

Maiguru mwana aenda
aroorwa Chipo takudya makeke
taakurezvana tiri vaviri
toiteiko?

Maiguru mwana aroorwa
ngatipambere simukai titambe
"ndapita pita ine,
ndapita kumazi, ndaona chechule ana vala bottom"

Maiguru handei hedu kumusangano
akakokera musangano wacho ndiani?
chakakosha kuziva donzo rawo, kuda kuziva akatipenda
nependi nhema
inhema here kuti tii hobvu kunana baba?

Maiguru tinoda tii hobvu
ipai vana baba avo vanendebvu dzakati ngwee kunge
mupunga wakaoma
vadiki vati tii haina kukora inenge yakan'ora
ko tikananga hedu kubhora?

Maiguru garai mungadonhe

Makepekepe yoshaisa Tshilamoyo mufaro

ibhora ripi iroro!

tamirireiko, handei kumba maiguru

Kurangarira Zex Manat.
RIP

MUDHARA ACHAUYA

Matsosti haagerane kuchibhorani
dzimwe nguva kune ndururani
dzisingadye ndorani

Matsosti haagerane mukomboni
anotojambira mukombi
akananga kuhotera kujukubhokisi

Matsosti haagerane pamba pevaridzi
anonanga Haifiridzi
onodzika midzi

Matsosti haagerane mukombi
mune vapfupi, vatete
vakobvu nevajaindi

Kurangarira Marko Sibanda
RIP

NDINONZI BHODHA

Varidza nhare vasina izwi
izwi rakapera nedoro
ndokubvisa chiri kumeso nhasi

Wadyeiko?
KwaGumbonzvanda bhazi rinosvika raane nzeve,
vakwasha vachata nevana vatete
ndali ndokubvisa chiri kumeso

Wadyeiko?
kuwonererwa nechingwa cheLobels
regai vahwinhe vadye
ndakuzokubvisa chiri kumeso

Wadyeiko?
unonzi ani wahwinha?
uyu tomutema nechidhinha
wapfetyera ndakukubvisa chiri kumeso

Kuna Bridget "Bubbling B" Gavanga & Mudhara Zobhe

NDADZOKA FUTI

Ndafunga hangu,
ndinenge ndisina basa nana bhangu
chimwechete chinouya mupfungwa mangu
ndoyendepi muhupamhi hwepfungwa dzangu

Mukumbo wangu
uyo womhanyamhanya pabepa
tande, hoyo, kwaku, tseku wakaenda
kubharabhadza

Kangu kamuromo kapikiri
ako koshama kaviri
meso piriviri
zvisina gingiringi

Kangu kasoro kodurura mazwi
kuumbiridza zvipopayi
musaite jee
kasiyei kaite madanha

Ndafunga hangu

ndinotamba zvinodakadza

pabepapo

kupombonora pfungwa dzenyu

Ndavezengwa zvangu nechisvo

bepa raive musvo royevedza chiso

rotapira semabhisvo

rosetsa zvinopisa itsvo

Nditende hangu

imba yese pwaka

pachivhitivhiti votepfenyura basa rangu

zvopoya muvanhu zvipopayi zvangu

Ndapedza hangu

kwayedza mukai murave bepanhau

nakidzwai nezvidhori zvangu

zvofamba muchivhitivhiti

Kuna Enock Chihombor

MAODZANYEMBA

ANOODZA NYEMBA

TSANGAMIDZI DHORA

Mukweguru asinabwe

ibwe rakamedza chura

chura chisina zana

zana remari rinodonha churu

churu chemadhora

madora anodyiwa nanaTemba

matembei kudya madora

madhora mana anotenga mana

mana yacho paruware

ruwaridzo kuvakiridza imba

imba ine mago haidyiwe mujuru

mukurinda makudo ndemamwe

ndemamwe emazuva kuronda tsimba

tsimba itsoka dzerwendo

rwendo rusina meno

meno anowombeka mukaka

mukai mufambe

fambe fambe tindike

ndiye anofemba

anofembera muranzu

Muriranyenze

kwakasiwa rukuvhute

Kuna Chirikure Chirikure

DIRA RIZARE

Shamwari yangu warova neiko kudaro?

sechumi chepondo

kuwana ndave mapondo

mongo wapera

moyo newe handichina

angova masvanhikongonya kutarisana kwevakarambana

icho chaikuda kana chokusema

ndezve meso

Zvange zvanyanyodidii?

kufamba uchidaro nemaraini

kukanyaira pamberi pevakuru

kukanya matope pameso patezvara

kushanja seunoshanda kumusoro

zvino hona vakakuti mambara

mharapatsetsetse

chazezesa anozeyesa mazwi nemutowo wakadzama

wakavashungurudza mwachewe

zvino vakaremba ndiyo

kwakukukanda mutirongo

hauna kugaramo asi zvakaoma so

waivaremera shamwari

ndezve meso

Zvainge zvakadzika zvawainyora

anoverenga aitofoira

chii chakadaro ichocho

chinokunda ngoma kurira

kupazhira munzira yevasori

kuwumburudza mwana wemweni mumadhaka

kupfekedza mwana wamisisi mudhongwi uneshuwa

iwe! kugara chiremba matunduru ivo vakuti dyu kuti

unaye chete mboni yainge yanangara seri kweguva

kumazivandadzoka sare wangomirira nguva

wakavashungurudza varungu ava

Shamwari wakaenda usina kutsanagura imba yenzara

Kurangarira Charles William Dambudzo Marechera
RIP

PASI PAMERA MADHUNAMUTUNA

Rimwe zuva ichanaya

nyangwe ndikakushaya ichanaya

swedera pandiri

sungano yangu newe inembambo

ndoita sendinodya namambo

unonditandadza

unondibata sezai

nyangwe ndisina ndai

hauna ndaa nazvo

unonakidza kuteerera

tevera tsinga uchifambisa nhapitapi

vhesi rimwe randibvisisa vhesi

ndivhetemesee nevhuzhi yemashoko ako

ndibhabhadzire

Chokwadi nhamo inenharo

uchandifungawo

ndiwe wakundidaro?

wandibaya panyama nhete mudiwa

tafamba nzendo zhinji tose

mwedzi mina yanga yasara kuti tipinde mumambure,
wondigura kunorira kudai

ndaiti tiri parwendo tose

hamba ndaiva bhazi rako, wakudzika wasvika pachiteshi
chemoyo waChabvonga

abvongodza pfungwa dzangu iye wandaiti sahwira

iniwo kushambadza mitunhu yose kuti ndakunotsvaga sadza,
hezvino rima tiba

chokwadi dzimwe dzendo taurai madzoka

__Kuna Aaron Chiundura Moyo__

RUDO UNOITA NEZVEI?

WAPINDWA NEI?

Svodai usaputse chirangano chedu
uri zvangu zvese
svedera pandiri chisikana chezera rangu
unotamba zvandinoda

Amai nababa ndakavanyeurira ndiwe chitekete
kukura hakutane makei waibuda mukaka pamhuno
ndiwe wadai kuva nhangaruvanze
nyurura moyo wangu wanyura muchisipiti cherudo rwako

Musha ndakatenga kugadzirira ramangwana
moita semakusemeswa mai vevana
munoda zvevamwe kandi?
munogunun'una segotsi maningi

Ndipewo rudo shamwari undipembedze
ndoti musha rudziiko kuita svuuramuromo inotaura pfocho?
ndakavimbisa kuchengeta chitsidzo chedu
nyebu, ndiwe wondinyebudza

Zvaunoda handizvigoni mudiwa

warova neiko kudaro asi ndave bhudhi mudyiwa?

ndingapunyuke seiko parumananzombe apa?

ndinoona sepane vakadira mweya wakaipa

Zvimhingiridzo zviripo

asi vana havana mufaro amai vanogara

vakafundumwara vozvambaradzwa futi iwe, vana vane

mazita evakuru ngavaremekedzwe ndapota

kurova baba nasekuru vangu chokwadi

Svodai warasa chitsidzo chedu

ndaiti imhete yatichepfeka narinhi zvedu

kukura mumhu, hunhu wakayeredzwa naRunde

ndinokumbira kubuda mukati merino rima

Nhamo inokundwa newafa

kufa nekushainirwa newaikuda

ndozvireva kunaani?

Svodai waputsa chirangano chedu

       Kurangarira Leonard T. "Musoro wenyoka" Demb
       RIP

MUTSAI WASOLO

Ukatevera ngwena unopfuurira kwamupfiganebwe

ndizvo zvinoita rudo,

nzizi unoyambuka, makava unokava, harurwa uchibvarura

Solo, kana wamuda Mutsai wotokwinya sekuti wadenha
mangwiro

Mutsai ane ganda redeko renzviru,

chivaraidzo kune avo vanomuona,

chiso chake chakaurungana

hazvina kupokana

Solo, kana wamuhwinha uyu unotoisa ngetani

unotomusonenera pahembe semabhatani

ukasamudaro anotoenda nanamabharani

vane mari yekumuendesa kwaHunyani

Kuna Jonah Moyo

BASA RANGU KUIMBA

Mombe yejeredzwa ndakabvisa wani sekuru?
Jemedza rine bakatwa, matifungireiko isu vazukuru?
mombe yecheka ukama ndakabvisa wani?
jemanewadya yamunoita iri munzeve
tiri mubindu chokwadi
angova matakadya kare

Nhasi ondiramba wenyu uyu muzukuru
ndakatedzeiko mukuru?
kundisiya ndamapazi, hoyo kwaMupatse zvake
ndodiniko varumewe
ndaiti tigere?
nyamba takarambana kare

Kudakwashe here kana kwangova kuzvibata maoko?
Kuruneri Woruta akandinyeurira, mukoma chenjerai,
kufamba kwemudzimai achienda kuHarare kwanyanya
kusaziva babangu iwe kuti pane nyaya
kusweroimba paMachipisa iye takarasima nemasabhuku
kwaari ndanga ndatochepa kare

Angova mazvakemazvake

regai hangu nditambe jikinya

ndiswere kwaSadza ndichitevedza ngoma

ndini ndakazvida zvekuimba izvi

ndiro basa rangu ndingadiniwo nhai sekuru?

akanditiza kutevera njanji achitiza Njanja

regai ndifare sekuru

Kurangarira James Chimombe
RIP

AKADA WOKURE

Murumbwana padiki padiki wainzwa oti
"wekadoko nakupenda"
mumana make yakatekeshera yekuti mudoko akupenga
hapana akaziva anga atorwa moyo nemutorwa
mubvakure aigara kuMabvuku
ainge ada wokure

Mujaha ainge achamera mapapiro, anyura murudo
musikana kungoti pote hana yaitorova
kuchengera kune mazera nhaika
kana wamutanga musikana unoita sewakawota
iwe uchiziva unoteya kubuda mugota
nanhasi rinonyenga rinohwarara
unonyepera kuzungaira kuti uwane makisi nemamakisi
Kisimusi inozosvika watamba kare makasa
mukomana zvino ainge okanyaira semombe
achishenaira muchimana akasimudza mapendekete
Pendeke akazama kumuruma nzeve
zvikashaya akanzwa, akati zvitanda pfe
aigonzwei iye akada wokure?

Murudo usapinde nemoyo,

pinda netsoka zvikanetsa famba uende

mukomana ainge amera zenze kuti tugu

agozivei kusasana kunoparira?

rakati rosvika rino rume raYuna,

kakanzi nyamu kamukomana ndiye kwakadaro uko,

padombo mha, ndiye rezu

rume rakadzidziuka rowona mhosva yarapara

rakatiza asi zvagara china manenji hachifambisi, rakada

kuzvinyaradza

murume mukuru maidei pahuku yemweni?

Yuna ange okungura kuti ndikandeyi mugehena

aigodii iye ari wokure?

kusasana kwainge kwaparira

Kurangarira Mordecai A. Hamutyinei
RIP

IZVUA GURU RANDADANANA NEWE

Zvimateya unodada chokuti pano
vasikana vakashata vanokupedzera mashoko,
iwe wakambozvitarisa? uso hwemhembwe bvaapa
heee ngavagare pakadoma
une chokwadi iwe?

Ndinoda kuona wacho waucharoora
nekupenga ikoko unoiwana mhenya?
apa unenge mhengeramumba futi, pu
hakuna kana benzi rinobvuma kubvisirwa newe

Iwe chipuka ndipoo ka mwenje
ane wake ngaabereke
inini kuda zengeya rinenge iwe
unopengaa

Zviuya hazviwanani
zvandaiva chifurangenge, chivhundutsapwere wani?

zvauri pese pandiri?

zuva rese haudi kundishaya

Kurangarira Fanuel "System" Tazvida
RIP

MUNONGEDZO

Makakatanwa anowanikwa papada kana panhodo
mbaye-mbaye wonzwa vakuseka hooodo
Mabhauwa kana wamuda wosiya zvemabhawa

Makainonokera Colgate
hohonwa yakadai, hamumukwanise
akachekererwa seshereni, hazvidi kuvhunza vaeni
pachivhevhano hapadi pamunhondo pamusasa, igaroziva

Nguva yafamba kumirira mhepo
asingade haadi haamanikidzwe
zverudo zvagara zvinonetsa
zvinotemesa musoro mhoti

Danai tete
zvaramba izvi
Mabhauwa aenda Joni

Kuna Nicholas Zakaria "Senior Lecturer"

PAMHUNO SEFODYA

Hakuna mari sha, chifamba hako Nomsa
kushaikwa kwemari hupenyu hwaoma
sekuti mari inonzi inotenga,
inotenga hupenyu here?

Ndiwe wakandinyengedza
ndaiti ndirikukutevedza
izvo waindipedza,
kundinyengedza

Kundisiya ndopeperetswa nemhepo sebepa
kundikwekweta iwe sechikwepa
zvinoshamisa ndakunge bepa,
kusiya ndachepa

Kuna Louis Mhlanga

ZVIUYA HAZVIWANANI

Mambo Chinamhora vanoda mhandara yekwaBhora
Nehoreka akadavidzira ndiringe!
iwe chidamoyo hamba yakada makwati

Havo varova nhanho vachimora huchi
nyenze dzopiringisha vanhu kuti varinde,
iwe chibatisisa nhamba dzepafoni idzo

Mango chiruma zvakarurama,
nedzimwe nguva arikutokuyeva usinagazive,
iwe chifamba nebhora usvitse shoko

Sango rinopa ane nhunha
nyengerera uchiita chiverevere usati dyo,
iwe chishinga utsvetsve mhenya iyo

Mambo anoita saruraude
nekuti uri munhu nje, wotofambira nyaya yacho,
iwe chingoti changamu-changamu uhwinhe mbama iyo
Zvavo vasina chipo chenyadzi

nyore nyore vanoswera vawana,

iwe chirovera moyo kudombo

nhongo yembudzi ikazodyiwa wani ikapera

nherweseri taura,

iwe chingoziva kuti hapana asina wake

Mano mano emuroyi kunyepera kutya dzvinyu

nerimwe zuva wamupomba potse potse unenge wakumushungurudza,

iwe chingovimba pamwe ndiye wako

Kuna Ernest T. K. Sando "Tanga wekwaSando"

URI MAMBARA

Zvikanzi wakandinzwa nani?

wandirasa

ndaifunga uchava nesu

Ndasara ndakagumbatira besu

tinopona iyesu?

zviro zviyedzwa chembere yekwaChivi yakabika mabwe

Nyangwe ikasanaya ndinoziva tichakohwa

zvisinei, hutu mhiri kwaLimpopo,

kunotsvaga raramo ndinoziva tichawana zvikwanisiro,
chitsva chiri murutsoka

Tichagarawo tatata pamutambarakede

misi haifanani

hatirambe tichidya nhoko dzezvironda

Kurangarira Chiwoniso Marai
RIP

ZVIRIMUCHINOKORO

HAZVIREVE RUDO HANDINA

Fume kudya bota
kutangira vaya vanoda kugota moto vachitiza mugota
kukambira kudya mashambanzou shambakodzi ichakwata

Bota nderinonaka rezviyo richipisirira
wodya sepfimbi uchitsinzinirira
unoita seuchasungwa mbiradzakondo nekunakirwa

Jomusi anoda bota rine dovi ranyatsokwata zvaro
mbichana mbichana achisenerera ndiro zvisina makaro
anozongonwira mvura osimuka pachigaro

Vapedza pane achasuka poto?
vose vongonyangarika, vonongedzera munwe
kuramba kuti akapisa poto, akangopakura chete

Hovhiyo, hohoho nekutukana
ave makungurunye kutarisana kwevakarambana
mangwana kutsvaga n'anga neinobata mai
mahwani anenge atanga

Kuna Tinashe Mugab

ZVANDISHAMISA BERE RADYA MUNHU

Zvinotyisa zvinoshamisa
tete munotorara hope kwadzo?
hongu kwazvo

Chivindi chinokusundai chinoshamisa
muri munhu anodiika, anoshamisa,
hongu chaizvo

Moyo murefu makauwanepi
munozvigona sei kubata mazimbe?
munodonongodza kwete zvedambe

Manunura vazhinji
shuwa zvine manenji,
hongu ndizvozvo harisi dambe

Ukaita mabasa akanaka anokutevera
moyo wangu unodembera ruenzaniso, rudo nekuyamura
nyangwe zvikaoma asi handizunguzwi mukudzifambira

Kuna Tilda Moyo-Karizamimba "Tete Tilda"

NHEPFENYURO INECHIDHINDO

Mangwanani
mangwanani mangwanani
mangwanani mangwanani mangwanani!

Nhasi ndinhasi!
tovaudza here nhasi?
nhasi ndirikupinda mumusha weTsholotsho
aiwa aiwa hakuna vanoridza hosho, kwaita muchokoto!

Mati musha weTsholotsho?
vaudzei, varikuita sei kuTsholotsho?
mirai timbonwa mvura, vanasahwira vedu varikutii
regai tinzwe pamusika panei nhasi!
vaHwesa chete, purizi vabereki
makirabhu memba chete tipei nhamba yenyu
KB wabaya bhatani risiriro nhasi tiri kuTsholotsho
rayiti, rayiti, rayiti

Nhau iri paTsholotosho haina mukare akamboona
kana muchida kuti ndisvike kwamuri ikoko, fonai panumber
dzinotevera

kana mafona munongoti ga ga ga, musandikwazisa ndapota

*Kuna Kanyemba Bonzo "KB" and Washington
Marimira "Bhozhongora" "Baba Isabel"*

Team Chimuti

RARAMA TSVARAKADENGA

Dada nekuzvivandudza
zenze tugu usavhundutswa
zvitembe kuti wakasanangudzwa

Famba
dedemera
nyemwerera

Mira kuti twi
dundundu chwi
mapendekete dhwi

Meso kwandiri
chirebvu kumberi
gotsi nga, mutsipa mberi

Runako rwuri mukati nhaika
mushando wako iruramo inova nhaka yako
zano rako ngarishaye anokuna semafuta, nzira ndeyako

Kuna Kubi Chaza Ind

VHAYA KADHIMBA

Vana vana vana!
ticha ticha ticha!
sei muchibhamba?
takamedza tenesi bhora

Chamudhanzure dhanzure
idhanzu idhanzu
tsoka shanu kumashure
shanu chete, shangu usakurure

Mwana wembwa haanzi kambwa
anonzi mbwanana
wazvinzwa muzukuru
anonzi chii?

Vabereki musaudzire vana
vana vana, vasiyei vave vana
vanodzidza saizvozvo
handiti ndizvozvo?

Womberai maoko abaya dede nemukanwa

ibva wapihwa mvura yekunwa

chikwazisa shamwari dzako

shamwari wandikwazisa waita zvako

Kurangarira Ambuya Miriam Mlambo
"Chirambakusakara" RIP

VAKOMANA VEKWEDU

Ngatinzwei kubva kunhandare naCharles Mabika

Avo vopinda vakomana!
Memory Mucherahohwa, Peter Ndlovu, Khama Billiat!
Grobbellar anoribata nhasi, pabhenji pana Kapini!
Chipezeze naMurambadoro, vanorinwa doro here nhasi!
Freddy Mukwesha, Norman Mapeza, Mercedes Sibanda!
Mugeyi na Mugeyi, Shonhai, Melusi, Mwaruwari!
Mastermind George Shaya obhururuka, Vitalis Takawira
nhasi Zambia inowira!
Obie Wasu Sarupinda, nhasi mutikiti unotambarara! Akende
haakendenge bhora mutambo!
Joe Mugabe nhasi anovapinza mugaba!
Sunday Mhofu Marimo arimo munhandare naMhalauri!
Uyo Never Chiku toti maswera sei mhuri yeZimbabwe!
Agent Sawu, Kwinji 15, Friday, Khumalo, chikomana Jimmy,
Nakamba naEphraim!
Nkonjera nemarefure edu Felix Tangawarima, paraini pana
Wilfed Mukuna!
Adamski omhanya naro, nzve!
Shutu kuna Digital, nyebu, owira pasi mupfanha uyo!

Rahman Gumbo obvuta bhora mugumbo ari chamviriri!
Cheche oritunga, cheu kuna Musona!

Nsukuzonke, Dhidhidhi hona!
Avo Mr Goals Shacky Tauro vosimudza tauro
Vakomana vaKaunda vamira ho!
Icho chomhanya chikomana bhigi!
Mumateya pfe, deku deku mumaneti waya waya!
Go bhoraaaaaaaa!

Bambo voita mashiripiti naro hoyooo!
Chunga oshungurudza vakomana veChipolopolo!
Icho chikopokopo Gidhiza chopindira!
Fabisch rova musoro rigozhamba dzamara tairova!
Wamumenya, wamunyisa, wamupweteka, wamugagada!
Ndivava vakomana vekwedu!
Vanzwei masapota kufara!

Kushasha dzenhabvu

MBIRU DZECHITENDERO

MATENDO

Makorokoto
aita chakanaka azviitira, aita chakaipa azviitira,
ita chakanaka uwone kunatsurudzwa neWedenga.

Makorokoto
ari mandiri Jesu
iye Dombo rangu

Makadiiko kundiudza kare zveMuchinda weRugare?
ndazorora manje, murunyararo rwedenga
makorokoto

ndakapindana nemiyedzo saJosefa asi ndakakunda
makorokoto etsitsi dzaMarwi
ndiwo makorokoto

Kuna Mechanic Manyeruk

ARI MANDIRI

Kuimba ndinoimba
kuimbira Mwari,
tarira uone ruoko rwaMwari,
ndiri munana

Pandinoimba ngandiimbe zvaJesu
pandinobhuya ave musoro wenyaya
muromo wangu ngauve marimba aJesu,
nekuti ndiri munanana

Red Seal haisiriyo musimboti weupenyu hwangu
ndinotarisa kumusoro kudenga
ndiko kwakabva rangu tarenda,
ndiri wemunana

Zvaiita sezvakazvidzika muchidyiro
ndiyo yaiva mviromviro yekuponeswa kwangu
zvaiita sezvakashoreka, sendakasara kuchikoro,
ndaingoziva kuti ndiri munana

Murumue akandiwana makatura naye

Munogarotaura, huya titaurirane

misi yose ini nemhuri yangu takasarudza imi,

misi yose tiri minana

Kuna Charles & Olivia Charamba

"baba namai Charamba"

NDOITA SEMUSAMANGWENA

Simukei ndichimuteverai
shuviro yangu kushumira
shoko benyu sondo roga roga
zuva nezuva nditenderei nditaure Nemi

Mandimutsa mangwanani nemutsa
mundibatsire kutsungaira
ini ndisave ndinodzungaira
zuva nezuva nditenderei nditaure Nemi

Tose dzvamu nevhangeri
Imi musingatsumwaire
tisanangudzei tifambe nevhangeri
zuva nezuva titenderei tifambe Nemi

Kuna Fungisai Zvakavapano Mashavave

TODA

Ndoita semusamangwena
ndinodambura ngwena
arimandiri mukuru
Muridzi wazvose

Mionde ikasabereka
mabvi edu akaneta
mufaro mangwanani chete
Muridzi wazvose anopa mufaro

Mabvi edu anoneta dzimwe nguva
mbariro dzotisunga
asi tinoda kunamata
Muridzi wazvose tidzidzisei
kunamata

Kuna Shingisai Sulum

NEMWOYOCHENA

Maita chireranherera

vane chiremerera

moyo unopfachukira rudo

makauwonawo?

simba rawo nerwiyo nemuromo wawo ndiye Samatenga

moyo une hanya nevamwe

hausaruri moyo mubatsiri

Mwoyochena unenge mukaka,

wagara haurungwi

chakanaka chakanaka

moyo unoita rudo nechido zvisina muripo

usingatarisi kuti uyu ndinanga uyo adya nhanga

unogota moto nevasina mota

hausaruri moyo mubatsiri

Maita mushandiri waShe

moyo wakazvirereka

unechiremerera

unochema nevanochema

uchifara nevanofara

uyo moyo unoshingaira kuita zvakanaka

hausaruri moyo mubatsiri

Kuna Idah Chifamba

INDEX

www.ingramcontent.com/pod-product-compliance
Lightning Source LLC
Chambersburg PA
CBHW030628120726
47904CB00006B/2069